AFRIKÁANS
VOCABULARIO

PALABRAS MÁS USADAS

ESPAÑOL-
AFRIKÁANS

Las palabras más útiles
Para expandir su vocabulario y refinar
sus habilidades lingüísticas

5000 palabras

Vocabulario Español-Afrikáans - 5000 palabras más usadas
por Andrey Taranov

Los vocabularios de T&P Books buscan ayudar en el aprendizaje, la memorización y la revisión de palabras de idiomas extranjeros. El diccionario se divide por temas, cubriendo toda la esfera de las actividades cotidianas, de negocios, ciencias, cultura, etc.

El proceso de aprendizaje de palabras utilizando los diccionarios temáticos de T&P Books le proporcionará a usted las siguientes ventajas:

- La información del idioma secundario está organizada claramente y predetermina el éxito para las etapas subsiguientes en la memorización de palabras.
- Las palabras derivadas de la misma raíz se agrupan, lo cual permite la memorización de grupos de palabras en vez de palabras aisladas.
- Las unidades pequeñas de palabras facilitan el proceso de reconocimiento de enlaces de asociación que se necesitan para la cohesión del vocabulario.
- De este modo, se puede estimar el número de palabras aprendidas y así también el nivel de conocimiento del idioma.

Copyright © 2024 T&P Books Publishing

Todos los derechos reservados. Ninguna porción de este libro puede reproducirse o utilizarse de ninguna manera o por ningún medio; sea electrónico o mecánico, lo cual incluye la fotocopia, grabación o información almacenada y sistemas de recuperación, sin el permiso escrito de la editorial.

T&P Books Publishing
www.tpbooks.com

ISBN: 978-1-78716-493-2

Este libro está disponible en formato electrónico o de E-Book también.
Visite www.tpbooks.com o las librerías electrónicas más destacadas en la Red.

VOCABULARIO AFRIKÁANS
palabras más usadas

Los vocabularios de T&P Books buscan ayudar al aprendiz a aprender, memorizar y repasar palabras de idiomas extranjeros. Los vocabularios contienen más de 5000 palabras comúnmente usadas y organizadas de manera temática.

- El vocabulario contiene las palabras corrientes más usadas.
- Se recomienda como ayuda adicional a cualquier curso de idiomas.
- Capta las necesidades de aprendices de nivel principiante y avanzado.
- Es conveniente para uso cotidiano, prácticas de revisión y actividades de auto-evaluación.
- Facilita la evaluación del vocabulario.

Aspectos claves del vocabulario

- Las palabras se organizan según el significado, no según el orden alfabético.
- Las palabras se presentan en tres columnas para facilitar los procesos de repaso y auto-evaluación.
- Los grupos de palabras se dividen en pequeñas secciones para facilitar el proceso de aprendizaje.
- El vocabulario ofrece una transcripción sencilla y conveniente de cada palabra extranjera.

El vocabulario contiene 155 temas que incluyen lo siguiente:

Conceptos básicos, números, colores, meses, estaciones, unidades de medidas, ropa y accesorios, comida y nutrición, restaurantes, familia nuclear, familia extendida, características de personalidad, sentimientos, emociones, enfermedades, la ciudad y el pueblo, exploración del paisaje, compras, finanzas, la casa, el hogar, la oficina, el trabajo en oficina, importación y exportación, promociones, búsqueda de trabajo, deportes, educación, computación, la red, herramientas, la naturaleza, los países, las nacionalidades y más ...

TABLA DE CONTENIDO

GUÍA DE PRONUNCIACIóN — 9
ABREVIATURAS — 10

CONCEPTOS BÁSICOS — 11
Conceptos básicos. Unidad 1 — 11

1. Los pronombres — 11
2. Saludos. Salutaciones. Despedidas — 11
3. Como dirigirse a otras personas — 12
4. Números cardinales. Unidad 1 — 12
5. Números cardinales. Unidad 2 — 13
6. Números ordinales — 14
7. Números. Fracciones — 14
8. Números. Operaciones básicas — 14
9. Números. Miscelánea — 14
10. Los verbos más importantes. Unidad 1 — 15
11. Los verbos más importantes. Unidad 2 — 16
12. Los verbos más importantes. Unidad 3 — 17
13. Los verbos más importantes. Unidad 4 — 18
14. Los colores — 19
15. Las preguntas — 19
16. Las preposiciones — 20
17. Las palabras útiles. Los adverbios. Unidad 1 — 20
18. Las palabras útiles. Los adverbios. Unidad 2 — 22

Conceptos básicos. Unidad 2 — 24

19. Los días de la semana — 24
20. Las horas. El día y la noche — 24
21. Los meses. Las estaciones — 25
22. Las unidades de medida — 26
23. Contenedores — 27

EL SER HUMANO — 29
El ser humano. El cuerpo — 29

24. La cabeza — 29
25. El cuerpo — 30

La ropa y los accesorios — 31

26. La ropa exterior. Los abrigos — 31
27. Ropa de hombre y mujer — 31

28.	La ropa. La ropa interior	32
29.	Gorras	32
30.	El calzado	32
31.	Accesorios personales	33
32.	La ropa. Miscelánea	33
33.	Productos personales. Cosméticos	34
34.	Los relojes	35

La comida y la nutrición 36

35.	La comida	36
36.	Las bebidas	37
37.	Las verduras	38
38.	Las frutas. Las nueces	39
39.	El pan. Los dulces	40
40.	Los platos	40
41.	Las especias	41
42.	Las comidas	42
43.	Los cubiertos	43
44.	El restaurante	43

La familia nuclear, los parientes y los amigos 44

45.	La información personal. Los formularios	44
46.	Los familiares. Los parientes	44

La medicina 46

47.	Las enfermedades	46
48.	Los síntomas. Los tratamientos. Unidad 1	47
49.	Los síntomas. Los tratamientos. Unidad 2	48
50.	Los síntomas. Los tratamientos. Unidad 3	49
51.	Los médicos	50
52.	La medicina. Las drogas. Los accesorios	50

EL AMBIENTE HUMANO 51
La ciudad 51

53.	La ciudad. La vida en la ciudad	51
54.	Las instituciones urbanas	52
55.	Los avisos	53
56.	El transporte urbano	54
57.	El turismo. La excursión	55
58.	Las compras	56
59.	El dinero	57
60.	La oficina de correos	58

La vivienda. La casa. El hogar 59

61.	La casa. La electricidad	59

62. La villa. La mansión	59
63. El apartamento	59
64. Los muebles. El interior	60
65. Los accesorios de cama	61
66. La cocina	61
67. El baño	62
68. Los aparatos domésticos	63

LAS ACTIVIDADES DE LA GENTE	**64**
El trabajo. Los negocios. Unidad 1	**64**
69. La oficina. El trabajo de oficina	64
70. Los procesos de negocio. Unidad 1	65
71. Los procesos de negocio. Unidad 2	66
72. La producción. Los trabajos	67
73. El contrato. El acuerdo	68
74. Importación y exportación	69
75. Las finanzas	69
76. La mercadotecnia	70
77. La publicidad	70
78. La banca	71
79. El teléfono. Las conversaciones telefónicas	72
80. El teléfono celular	72
81. Los artículos de escritorio. La papelería	73
82. Tipos de negocios	73

El trabajo. Los negocios. Unidad 2	**76**
83. La exhibición. La feria comercial	76
84. La ciencia. La investigación. Los científicos	77

Las profesiones y los oficios	**79**
85. La búsqueda de trabajo. El despido	79
86. Los negociantes	79
87. Los trabajos de servicio	80
88. La profesión militar y los rangos	81
89. Los oficiales. Los sacerdotes	82
90. Las profesiones agrícolas	82
91. Las profesiones artísticas	83
92. Profesiones diversas	83
93. Los trabajos. El estatus social	85

La educación	**86**
94. La escuela	86
95. Los institutos. La Universidad	87
96. Las ciencias. Las disciplinas	88
97. Los sistemas de escritura. La ortografía	88
98. Los idiomas extranjeros	89

El descanso. El entretenimiento. El viaje   91
99. Las vacaciones. El viaje   91
100. El hotel   91

EL EQUIPO TÉCNICO. EL TRANSPORTE   93
El equipo técnico   93

101. El computador   93
102. El internet. El correo electrónico   94
103. La electricidad   95
104. Las herramientas   95

El transporte   98

105. El avión   98
106. El tren   99
107. El barco   100
108. El aeropuerto   101

Acontecimentos de la vida   103

109. Los días festivos. Los eventos   103
110. Los funerales. El entierro   104
111. La guerra. Los soldados   104
112. La guerra. El ámbito militar. Unidad 1   105
113. La guerra. El ámbito militar. Unidad 2   107
114. Las armas   108
115. Los pueblos antiguos   110
116. La Edad Media   110
117. El líder. El jefe. Las autoridades   112
118. Violar la ley. Los criminales. Unidad 1   113
119. Violar la ley. Los criminales. Unidad 2   114
120. La policía. La ley. Unidad 1   115
121. La policía. La ley. Unidad 2   116

LA NATURALEZA   118
La tierra. Unidad 1   118

122. El espacio   118
123. La tierra   119
124. Los puntos cardinales   120
125. El mar. El océano   120
126. Los nombres de los mares y los océanos   121
127. Las montañas   122
128. Los nombres de las montañas   123
129. Los ríos   123
130. Los nombres de los ríos   124
131. El bosque   124
132. Los recursos naturales   125

La tierra. Unidad 2	127
133. El tiempo	127
134. Los eventos climáticos severos. Los desastres naturales	128

La fauna	129
135. Los mamíferos. Los predadores	129
136. Los animales salvajes	129
137. Los animales domésticos	130
138. Los pájaros	131
139. Los peces. Los animales marinos	133
140. Los anfibios. Los reptiles	133
141. Los insectos	134

La flora	135
142. Los árboles	135
143. Los arbustos	135
144. Las frutas. Las bayas	136
145. Las flores. Las plantas	137
146. Los cereales, los granos	138

LOS PAÍSES. LAS NACIONALIDADES	139
147. Europa occidental	139
148. Europa central y oriental	139
149. Los países de la antes Unión Soviética	140
150. Asia	140
151. América del Norte	141
152. Centroamérica y Sudamérica	141
153. África	142
154. Australia. Oceanía	142
155. Las ciudades	142

GUÍA DE PRONUNCIACIÓN

T&P alfabeto fonético	Ejemplo afrikáans	Ejemplo español
[a]	land	radio
[ā]	straat	contraataque
[æ]	hout	vencer
[o], [ɔ]	Australië	bolsa
[e]	metaal	verano
[ɛ]	aanlê	mes
[ə]	filter	llave
[ɪ]	uur	abismo
[i]	billik	ilegal
[ĩ]	naïef	rápido
[o]	koppie	bordado
[ø]	akteur	alemán - Hölle
[œ]	fluit	alemán - Hölle
[u]	hulle	mundo
[ʊ]	hout	pulpo
[b]	bakker	en barco
[d]	donder	desierto
[f]	navraag	golf
[g]	burger	jugada
[h]	driehoek	registro
[j]	byvoeg	asiento
[k]	kamera	charco
[l]	loon	lira
[m]	môre	nombre
[n]	neef	sonar
[p]	pyp	precio
[r]	rigting	era, alfombra
[s]	oplos	salva
[t]	lood, tenk	torre
[v]	bewaar	travieso
[w]	oorwinnaar	acuerdo
[z]	zoem	desde
[dʒ]	enjin	jazz
[ʃ]	artisjok	shopping
[ŋ]	kans	manga
[tʃ]	tjek	mapache
[ʒ]	beige	adyacente
[x]	agent	reloj

ABREVIATURAS
usadas en el vocabulario

Abreviatura en español

adj	-	adjetivo
adv	-	adverbio
anim.	-	animado
conj	-	conjunción
etc.	-	etcétera
f	-	sustantivo femenino
f pl	-	femenino plural
fam.	-	uso familiar
fem.	-	femenino
form.	-	uso formal
inanim.	-	inanimado
innum.	-	innumerable
m	-	sustantivo masculino
m pl	-	masculino plural
m, f	-	masculino, femenino
masc.	-	masculino
mat	-	matemáticas
mil.	-	militar
num.	-	numerable
p.ej.	-	por ejemplo
pl	-	plural
pron	-	pronombre
sg	-	singular
v aux	-	verbo auxiliar
vi	-	verbo intransitivo
vi, vt	-	verbo intransitivo, verbo transitivo
vr	-	verbo reflexivo
vt	-	verbo transitivo

CONCEPTOS BÁSICOS

Conceptos básicos. Unidad 1

1. Los pronombres

yo	ek, my	[ɛk], [maj]
tú	jy	[jaj]
él	hy	[haj]
ella	sy	[saj]
ello	dit	[dit]
nosotros, -as	ons	[ɔŋs]
vosotros, -as	julle	[jullə]
Usted	u	[u]
Ustedes	u	[u]
ellos, ellas	hulle	[hullə]

2. Saludos. Salutaciones. Despedidas

¡Hola! (fam.)	Hallo!	[hallo!]
¡Hola! (form.)	Hallo!	[hallo!]
¡Buenos días!	Goeie môre!	[χuje morə!]
¡Buenas tardes!	Goeiemiddag!	[χuje·middaχ!]
¡Buenas noches!	Goeienaand!	[χuje·nãnt!]
decir hola	dagsê	[daχsɛ:]
¡Hola! (a un amigo)	Hallo!	[hallo!]
saludo (m)	groet	[χrut]
saludar (vt)	groet	[χrut]
¿Cómo estás?	Hoe gaan dit?	[hu χãn dit?]
¿Cómo estáis?	Hoe gaan dit?	[hu χãn dit?]
¿Qué hay de nuevo?	Hoe gaan dit?	[hu χãn dit?]
¡Chau! ¡Adiós!	Totsiens!	[totsiŋs!]
¡Hasta la vista! (form.)	Totsiens!	[totsiŋs!]
¡Hasta la vista! (fam.)	Koebaai!	[kubãi!]
¡Hasta pronto!	Totsiens!	[totsiŋs!]
¡Adiós! (form.)	Vaarwel!	[fãrwel!]
despedirse (vr)	afskeid neem	[afskæjt neəm]
¡Hasta luego!	Koebaai!	[kubãi!]
¡Gracias!	Dankie!	[danki!]
¡Muchas gracias!	Baie dankie!	[baje danki!]
De nada	Plesier	[plesir]
No hay de qué	Plesier!	[plesir!]

De nada	Plesier	[plesir]
¡Disculpa!	Ekskuus!	[ɛkskɪs!]
¡Disculpe!	Verskoon my!	[ferskoən maj!]
disculpar (vt)	verskoon	[ferskoən]
disculparse (vr)	verskoning vra	[ferskoniŋ fra]
Mis disculpas	Verskoning	[ferskoniŋ]
¡Perdóneme!	Ek is jammer!	[ɛk is jammər!]
perdonar (vt)	vergewe	[ferχevə]
¡No pasa nada!	Maak nie saak nie!	[māk ni sāk ni!]
por favor	asseblief	[asseblif]
¡No se le olvide!	Vergeet dit nie!	[ferχeet dit ni!]
¡Ciertamente!	Beslis!	[beslis!]
¡Claro que no!	Natuurlik nie!	[natɪrlik ni!]
¡De acuerdo!	OK!	[okej!]
¡Basta!	Dis genoeg!	[dis χenuχ!]

3. Como dirigirse a otras personas

¡Perdóneme!	Verskoon my, ...	[ferskoən maj, ...]
señor	meneer	[meneer]
señora	mevrou	[mefræʊ]
señorita	juffrou	[juffræʊ]
joven	jongman	[joŋman]
niño	boet	[but]
niña	sussie	[sussi]

4. Números cardinales. Unidad 1

cero	nul	[nul]
uno	een	[eən]
dos	twee	[tweə]
tres	drie	[dri]
cuatro	vier	[fir]
cinco	vyf	[fajf]
seis	ses	[ses]
siete	sewe	[sevə]
ocho	ag	[aχ]
nueve	nege	[neχə]
diez	tien	[tin]
once	elf	[ɛlf]
doce	twaalf	[twālf]
trece	dertien	[dertin]
catorce	veertien	[feərtin]
quince	vyftien	[fajftin]
dieciséis	sestien	[sestin]
diecisiete	sewetien	[sevətin]
dieciocho	agtien	[aχtin]

diecinueve	negetien	[neχetin]
veinte	twintig	[twintəχ]
veintiuno	een-en-twintig	[eən-en-twintəχ]
veintidós	twee-en-twintig	[tweə-en-twintəχ]
veintitrés	drie-en-twintig	[dri-en-twintəχ]
treinta	dertig	[dertəχ]
treinta y uno	een-en-dertig	[eən-en-dertəχ]
treinta y dos	twee-en-dertig	[tweə-en-dertəχ]
treinta y tres	drie-en-dertig	[dri-en-dertəχ]
cuarenta	veertig	[feərtəχ]
cuarenta y uno	een-en-veertig	[eən-en-feərtəχ]
cuarenta y dos	twee-en-veertig	[tweə-en-feərtəχ]
cuarenta y tres	vier-en-veertig	[fir-en-feərtəχ]
cincuenta	vyftig	[fajftəχ]
cincuenta y uno	een-en-vyftig	[eən-en-fajftəχ]
cincuenta y dos	twee-en-vyftig	[tweə-en-fajftəχ]
cincuenta y tres	drie-en-vyftig	[dri-en-fajftəχ]
sesenta	sestig	[sestəχ]
sesenta y uno	een-en-sestig	[eən-en-sestəχ]
sesenta y dos	twee-en-sestig	[tweə-en-sestəχ]
sesenta y tres	drie-en-sestig	[dri-en-sestəχ]
setenta	sewentig	[seventəχ]
setenta y uno	een-en-sewentig	[eən-en-seventəχ]
setenta y dos	twee-en-sewentig	[tweə-en-seventəχ]
setenta y tres	drie-en-sewentig	[dri-en-seventəχ]
ochenta	tagtig	[taχtəχ]
ochenta y uno	een-en-tagtig	[eən-en-taχtəχ]
ochenta y dos	twee-en-tagtig	[tweə-en-taχtəχ]
ochenta y tres	drie-en-tagtig	[dri-en-taχtəχ]
noventa	negentig	[neχentəχ]
noventa y uno	een-en-negentig	[eən-en-neχentəχ]
noventa y dos	twee-en-negentig	[tweə-en-neχentəχ]
noventa y tres	drie-en-negentig	[dri-en-neχentəχ]

5. Números cardinales. Unidad 2

cien	honderd	[hondərt]
doscientos	tweehonderd	[tweə·hondərt]
trescientos	driehonderd	[dri·hondərt]
cuatrocientos	vierhonderd	[fir·hondərt]
quinientos	vyfhonderd	[fajf·hondərt]
seiscientos	seshonderd	[ses·hondərt]
setecientos	sewehonderd	[sevə·hondərt]
ochocientos	aghonderd	[aχ·hondərt]
novecientos	negehonderd	[neχə·hondərt]
mil	duisend	[dœisent]

dos mil	tweeduisend	[twee·dœisent]
tres mil	drieduisend	[dri·dœisent]
diez mil	tienduisend	[tin·dœisent]
cien mil	hondordduisend	[hondərt·dajsent]
millón (m)	miljoen	[miljun]
mil millones	miljard	[miljart]

6. Números ordinales

primero (adj)	eerste	[eərstə]
segundo (adj)	tweede	[tweedə]
tercero (adj)	derde	[derdə]
cuarto (adj)	vierde	[firdə]
quinto (adj)	vyfde	[fajfdə]
sexto (adj)	sesde	[sesdə]
séptimo (adj)	sewende	[sevendə]
octavo (adj)	agste	[aχstə]
noveno (adj)	negende	[neχendə]
décimo (adj)	tiende	[tində]

7. Números. Fracciones

fracción (f)	breuk	[brøək]
un medio	helfte	[hɛlftə]
un tercio	derde	[derdə]
un cuarto	kwart	[kwart]
un octavo	agste	[aχstə]
un décimo	tiende	[tində]
dos tercios	twee derde	[twee derdə]
tres cuartos	driekwart	[drikwart]

8. Números. Operaciones básicas

sustracción (f)	aftrekking	[aftrɛkkiŋ]
sustraer (vt)	aftrek	[aftrek]
división (f)	deling	[deliŋ]
dividir (vt)	deel	[deəl]
adición (f)	optelling	[optɛlliŋ]
sumar (totalizar)	optel	[optəl]
adicionar (vt)	optel	[optəl]
multiplicación (f)	vermenigvuldiging	[fermeniχ·fuldəχiŋ]
multiplicar (vt)	vermenigvuldig	[fermeniχ·fuldəχ]

9. Números. Miscelánea

| cifra (f) | syfer | [sajfər] |
| número (m) (~ cardinal) | nommer | [nommər] |

numeral (m)	telwoord	[tɛlwoərt]
menos (m)	minusteken	[minus·tekən]
más (m)	plusteken	[plus·tekən]
fórmula (f)	formule	[formulə]
cálculo (m)	berekening	[berekeniŋ]
contar (vt)	tel	[təl]
calcular (vt)	optel	[optəl]
comparar (vt)	vergelyk	[ferχəlajk]
¿Cuánto?	Hoeveel?	[hufeəl?]
suma (f)	som, totaal	[som], [totāl]
resultado (m)	resultaat	[resultāt]
resto (m)	oorskot	[oərskot]
poco (adv)	min	[min]
resto (m)	die res	[di res]
docena (f)	dosyn	[dosajn]
en dos	middeldeur	[middəldøər]
en partes iguales	gelyk	[χelajk]
mitad (f)	helfte	[hɛlftə]
vez (f)	maal	[māl]

10. Los verbos más importantes. Unidad 1

abrir (vt)	oopmaak	[oəpmāk]
acabar, terminar (vt)	klaarmaak	[klārmāk]
aconsejar (vt)	aanraai	[ānrāi]
adivinar (vt)	raai	[rāi]
advertir (vt)	waarsku	[vārsku]
alabarse, jactarse (vr)	spog	[spoχ]
almorzar (vi)	gaan eet	[χān eət]
alquilar (~ una casa)	huur	[hɪr]
amenazar (vt)	dreig	[dræjχ]
arrepentirse (vr)	jammer wees	[jammər veəs]
ayudar (vt)	help	[hɛlp]
bañarse (vr)	gaan swem	[χān swem]
bromear (vi)	grappies maak	[χrappis māk]
buscar (vt)	soek ...	[suk ...]
caer (vi)	val	[fal]
callarse (vr)	stilbly	[stilblaj]
cambiar (vt)	verander	[ferandər]
castigar, punir (vt)	straf	[straf]
cavar (vt)	grawe	[χravə]
cazar (vi, vt)	jag	[jaχ]
cenar (vi)	aandete gebruik	[āndetə χebrœik]
cesar (vi)	ophou	[ophæʊ]
coger (vt)	vang	[faŋ]
comenzar (vt)	begin	[beχin]

comparar (vt)	vergelyk	[ferχəlajk]
comprender (vt)	verstaan	[ferstān]
confiar (vt)	vertrou	[fertræʊ]
confundir (vt)	verwar	[ferwar]
conocer (~ a alguien)	ken	[ken]
contar (vt) (enumerar)	tel	[təl]
contar con …	reken op …	[reken op …]
continuar (vt)	aangaan	[ānχān]
controlar (vt)	kontroleer	[kontroleər]
correr (vi)	hardloop	[hardloəp]
costar (vt)	kos	[kos]
crear (vt)	skep	[skep]

11. Los verbos más importantes. Unidad 2

dar (vt)	gee	[χeə]
decir (vt)	sê	[sɛ:]
decorar (para la fiesta)	versier	[fərsir]
defender (vt)	verdedig	[ferdedəχ]
dejar caer	laat val	[lāt fal]
desayunar (vi)	ontbyt	[ontbajt]
descender (vi)	afkom	[afkom]
dirigir (administrar)	beheer	[beheər]
disculpar (vt)	verskoon	[ferskoən]
disculparse (vr)	verskoning vra	[ferskoniŋ fra]
discutir (vt)	bespreek	[bespreək]
dudar (vt)	twyfel	[twajfəl]
encontrar (hallar)	vind	[fint]
engañar (vi, vt)	bedrieg	[bedrəχ]
entrar (vi)	binnegaan	[binnəχān]
enviar (vt)	stuur	[stɪr]
escoger (vt)	kies	[kis]
esconder (vt)	wegsteek	[veχsteək]
escribir (vt)	skryf	[skrajf]
esperar (aguardar)	wag	[vaχ]
esperar (tener esperanza)	hoop	[hoəp]
estar (vi)	wees	[veəs]
estar de acuerdo	saamstem	[sāmstem]
estudiar (vt)	studeer	[studeər]
exigir (vt)	eis	[æjs]
existir (vi)	bestaan	[bestān]
explicar (vt)	verduidelik	[ferdœidəlik]
faltar (a las clases)	bank	[bank]
firmar (~ el contrato)	teken	[tekən]
girar (~ a la izquierda)	draai	[drāi]
gritar (vi)	skreeu	[skriʊ]

guardar (conservar)	bewaar	[bevãr]
gustar (vi)	hou van	[hæʊ fan]
hablar (vi, vt)	praat	[prãt]

hacer (vt)	doen	[dun]
informar (vt)	in kennis stel	[in kɛnnis stəl]
insistir (vi)	aandring	[ãndriŋ]
insultar (vt)	beledig	[beledəχ]

interesarse (vr)	belangstel in ...	[belaŋstəl in ...]
invitar (vt)	uitnooi	[œitnoj]
ir (a pie)	gaan	[χãn]
jugar (divertirse)	speel	[speəl]

12. Los verbos más importantes. Unidad 3

leer (vi, vt)	lees	[leəs]
liberar (ciudad, etc.)	bevry	[befraj]
llamar (por ayuda)	roep	[rup]
llegar (vi)	aankom	[ãnkom]
llorar (vi)	huil	[hœil]

matar (vt)	doodmaak	[doədmãk]
mencionar (vt)	verwys na	[ferwajs na]
mostrar (vt)	wys	[vajs]
nadar (vi)	swem	[swem]

negarse (vr)	weier	[væjer]
objetar (vt)	beswaar maak	[beswãr mãk]
observar (vt)	waarneem	[vãrneəm]
oír (vt)	hoor	[hoər]

olvidar (vt)	vergeet	[ferχeət]
orar (vi)	bid	[bit]
ordenar (mil.)	beveel	[befeəl]
pagar (vi, vt)	betaal	[betãl]
pararse (vr)	stilhou	[stilhæʊ]

participar (vi)	deelneem	[deəlneəm]
pedir (ayuda, etc.)	vra	[fra]
pedir (en restaurante)	bestel	[bestəl]
pensar (vi, vt)	dink	[dink]

percibir (ver)	raaksien	[rãksin]
perdonar (vt)	vergewe	[ferχevə]
permitir (vt)	toestaan	[tustãn]
pertenecer a ...	behoort aan ...	[behoərt ãn ...]

planear (vt)	beplan	[beplan]
poder (v aux)	kan	[kan]
poseer (vt)	besit	[besit]
preferir (vt)	verkies	[ferkis]
preguntar (vt)	vra	[fra]
preparar (la cena)	kook	[koək]

prever (vt)	voorsien	[foərsin]
probar, tentar (vt)	probeer	[probeər]
prometer (vt)	beloof	[beloəf]
pronunciar (vt)	uitspreek	[œitspreək]
proponer (vt)	voorstel	[foərstəl]
quebrar (vt)	breek	[breək]
quejarse (vr)	kla	[kla]
querer (amar)	liefhê	[lifhɛ:]
querer (desear)	wil	[vil]

13. Los verbos más importantes. Unidad 4

recomendar (vt)	aanbeveel	[ānbefeəl]
regañar, reprender (vt)	uitvaar teen	[œitfār teən]
reírse (vr)	lag	[laχ]
repetir (vt)	herhaal	[herhāl]
reservar (~ una mesa)	bespreek	[bespreək]
responder (vi, vt)	antwoord	[antwoərt]
robar (vt)	steel	[steəl]
saber (~ algo mas)	weet	[veət]
salir (vi)	uitgaan	[œitχān]
salvar (vt)	red	[ret]
seguir ...	volg ...	[folχ ...]
sentarse (vr)	gaan sit	[χān sit]
ser (vi)	wees	[veəs]
ser necesario	nodig wees	[nodəχ veəs]
significar (vt)	beteken	[betekən]
sonreír (vi)	glimlag	[χlimlaχ]
sorprenderse (vr)	verbaas wees	[ferbās veəs]
subestimar (vt)	onderskat	[ondərskat]
tener (vt)	hê	[hɛ:]
tener hambre	honger wees	[hoŋər veəs]
tener miedo	bang wees	[baŋ veəs]
tener prisa	opskud	[opskut]
tener sed	dors wees	[dors veəs]
tirar, disparar (vi)	skiet	[skit]
tocar (con las manos)	aanraak	[ānrāk]
tomar (vt)	vat	[fat]
tomar nota	opskryf	[opskrajf]
trabajar (vi)	werk	[verk]
traducir (vt)	vertaal	[fertāl]
unir (vt)	verenig	[ferenəχ]
vender (vt)	verkoop	[ferkoəp]
ver (vt)	sien	[sin]
volar (pájaro, avión)	vlieg	[fliχ]

14. Los colores

color (m)	kleur	[kløər]
matiz (m)	skakering	[skakeriŋ]
tono (m)	tint	[tint]
arco (m) iris	reënboog	[rɛɛn·boəχ]
blanco (adj)	wit	[vit]
negro (adj)	swart	[swart]
gris (adj)	grys	[χrajs]
verde (adj)	groen	[χrun]
amarillo (adj)	geel	[χeəl]
rojo (adj)	rooi	[roj]
azul (adj)	blou	[blæʋ]
azul claro (adj)	ligblou	[liχ·blæʋ]
rosa (adj)	pienk	[pink]
naranja (adj)	oranje	[oranje]
violeta (adj)	pers	[pers]
marrón (adj)	bruin	[brœin]
dorado (adj)	goue	[χæʋə]
argentado (adj)	silweragtig	[silweraχtəχ]
beige (adj)	beige	[bɛːiʒ]
crema (adj)	roomkleurig	[roəm·kløərəχ]
turquesa (adj)	turkoois	[turkojs]
rojo cereza (adj)	kersierooi	[kersi·roj]
lila (adj)	lila	[lila]
carmesí (adj)	karmosyn	[karmosajn]
claro (adj)	lig	[liχ]
oscuro (adj)	donker	[donkər]
vivo (adj)	helder	[hɛldər]
de color (lápiz ~)	kleurig	[kløərəχ]
en colores (película ~)	kleur	[kløər]
blanco y negro (adj)	swart-wit	[swart-wit]
unicolor (adj)	effe	[ɛffə]
multicolor (adj)	veelkleurig	[feəlkløərəχ]

15. Las preguntas

¿Quién?	Wie?	[vi?]
¿Qué?	Wat?	[vat?]
¿Dónde?	Waar?	[vǎr?]
¿Adónde?	Waarheen?	[vǎrheən?]
¿De dónde?	Waarvandaan?	[vǎrfandān?]
¿Cuándo?	Wanneer?	[vanneər?]
¿Para qué?	Hoekom?	[hukom?]
¿Por qué?	Hoekom?	[hukom?]
¿Por qué razón?	Vir wat?	[fir vat?]

¿Cómo?	Hoe?	[hu?]
¿Qué ...? (~ color)	Watter?	[vattər?]
¿Cuál?	Watter een?	[vattər eən?]

¿A quién?	Vir wie?	[fir vi?]
¿De quién? (~ hablan ...)	Oor wie?	[oər vi?]
¿De qué?	Oor wat?	[oər vat?]
¿Con quién?	Met wie?	[met vi?]
¿Cuánto?	Hoeveel?	[hufeəl?]

16. Las preposiciones

con ... (~ algn)	met	[met]
sin ... (~ azúcar)	sonder	[sondər]
a ... (p.ej. voy a México)	na	[na]
de ... (hablar ~)	oor	[oər]
antes de ...	voor	[foər]
delante de ...	voor ...	[foər ...]

debajo	onder	[ondər]
sobre ..., encima de ...	oor	[oər]
en, sobre (~ la mesa)	op	[op]
de (origen)	uit	[œit]
de (fabricado de)	van	[fan]

| dentro de ... | oor | [oər] |
| encima de ... | oor | [oər] |

17. Las palabras útiles. Los adverbios. Unidad 1

¿Dónde?	Waar?	[vãr?]
aquí (adv)	hier	[hir]
allí (adv)	daar	[dãr]

| en alguna parte | êrens | [ærɛŋs] |
| en ninguna parte | nêrens | [nærɛŋs] |

| junto a ... | by | [baj] |
| junto a la ventana | by | [baj] |

¿A dónde?	Waarheen?	[vãrheən?]
aquí (venga ~)	hier	[hir]
allí (vendré ~)	soontoe	[soentu]
de aquí (adv)	hiervandaan	[hirfandãn]
de allí (adv)	daarvandaan	[dãrfandãn]

| cerca (no lejos) | naby | [nabaj] |
| lejos (adv) | ver | [fer] |

cerca de ...	naby	[nabaj]
al lado (de ...)	naby	[nabaj]
no lejos (adv)	nie ver nie	[ni fər ni]

izquierdo (adj)	linker-	[linkər-]
a la izquierda (situado ~)	op linkerhand	[op linkərhant]
a la izquierda (girar ~)	na links	[na links]
derecho (adj)	regter	[reχtər]
a la derecha (situado ~)	op regterhand	[op reχtərhant]
a la derecha (girar)	na regs	[na reχs]
delante (yo voy ~)	voor	[foər]
delantero (adj)	voorste	[foərstə]
adelante (movimiento)	vooruit	[foərœit]
detrás de ...	agter	[aχtər]
desde atrás	van agter	[fan aχtər]
atrás (da un paso ~)	agtertoe	[aχtərtu]
centro (m), medio (m)	middel	[middəl]
en medio (adv)	in die middel	[in di middəl]
de lado (adv)	op die sykant	[op di sajkant]
en todas partes	orals	[orals]
alrededor (adv)	orals rond	[orals ront]
de dentro (adv)	van binne	[fan binnə]
a alguna parte	êrens	[ærɛŋs]
todo derecho (adv)	reguit	[reχœit]
atrás (muévelo para ~)	terug	[teruχ]
de alguna parte (adv)	êrens vandaan	[ærɛŋs fandān]
no se sabe de dónde	êrens vandaan	[ærɛŋs fandān]
primero (adv)	in die eerste plek	[in di eərstə plek]
segundo (adv)	in die tweede plek	[in di tweedə plek]
tercero (adv)	in die derde plek	[in di derdə plek]
de súbito (adv)	skielik	[skilik]
al principio (adv)	aan die begin	[ān di beχin]
por primera vez	vir die eerste keer	[fir di eərstə keər]
mucho tiempo antes ...	lank voordat ...	[lank foərdat ...]
de nuevo (adv)	opnuut	[opnɪt]
para siempre (adv)	vir goed	[fir χut]
jamás, nunca (adv)	nooit	[nojt]
de nuevo (adv)	weer	[veər]
ahora (adv)	nou	[næʊ]
frecuentemente (adv)	dikwels	[dikwɛls]
entonces (adv)	toe	[tu]
urgentemente (adv)	dringend	[driŋən]
usualmente (adv)	gewoonlik	[χevoənlik]
a propósito, ...	terloops, ...	[terloəps], [...]
es probable	moontlik	[moentlik]
probablemente (adv)	waarskynlik	[vārskajnlik]
tal vez	dalk	[dalk]
además ...	trouens ...	[træʊɛŋs ...]
por eso ...	dis hoekom ...	[dis hukom ...]

a pesar de ...	ondanks ...	[ondanks ...]
gracias a ...	danksy ...	[danksaj ...]
qué (pron)	wat	[vat]
que (conj)	dat	[dat]
algo (~ le ha pasado)	iets	[its]
algo (~ así)	iets	[its]
nada (f)	niks	[niks]
quien	wie	[vi]
alguien (viene ~)	iemand	[imant]
alguien (¿ha llamado ~?)	iemand	[imant]
nadie	niemand	[nimant]
a ninguna parte	nêrens	[nærɛŋs]
de nadie	niemand se	[nimant sə]
de alguien	iemand se	[imant sə]
tan, tanto (adv)	so	[so]
también (~ habla francés)	ook	[oək]
también (p.ej. Yo ~)	ook	[oək]

18. Las palabras útiles. Los adverbios. Unidad 2

¿Por qué?	Waarom?	[vãrom?]
porque ...	omdat ...	[omdat ...]
y (p.ej. uno y medio)	en	[ɛn]
o (p.ej. té o café)	of	[of]
pero (p.ej. me gusta, ~)	maar	[mãr]
para (p.ej. es para ti)	vir	[fir]
demasiado (adv)	te	[te]
sólo, solamente (adv)	net	[net]
exactamente (adv)	presies	[presis]
unos ...,	ongeveer	[onχəfeər]
cerca de ... (~ 10 kg)		
aproximadamente	ongeveer	[onχəfeər]
aproximado (adj)	geraamde	[χerãmdə]
casi (adv)	amper	[ampər]
resto (m)	die res	[di res]
el otro (adj)	die ander	[di andər]
otro (p.ej. el otro día)	ander	[andər]
cada (adj)	elke	[ɛlkə]
cualquier (adj)	enige	[eniχə]
mucho (adv)	baie	[baje]
muchos (mucha gente)	baie mense	[baje mɛŋsə]
todos	almal	[almal]
a cambio de ...	in ruil vir ...	[in rœil fir ...]
en cambio (adv)	as vergoeding	[as ferχudiŋ]
a mano (hecho ~)	met die hand	[met di hant]

poco probable	skaars	[skārs]
probablemente	waarskynlik	[vārskajnlik]
a propósito (adv)	opsetlik	[opsetlik]
por accidente (adv)	toevallig	[tufalləx]
muy (adv)	baie	[baje]
por ejemplo (adv)	byvoorbeeld	[bajfoərbeəlt]
entre (~ nosotros)	tussen	[tussən]
entre (~ otras cosas)	tussen	[tussən]
tanto (~ gente)	so baie	[so baje]
especialmente (adv)	veral	[feral]

Conceptos básicos. Unidad 2

19. Los días de la semana

lunes (m)	Maandag	[mãndaχ]
martes (m)	Dinsdag	[dinsdaχ]
miércoles (m)	Woensdag	[vɔɛŋsdaχ]
jueves (m)	Donderdag	[dondərdaχ]
viernes (m)	Vrydag	[frajdaχ]
sábado (m)	Saterdag	[satərdaχ]
domingo (m)	Sondag	[sondaχ]
hoy (adv)	vandag	[fandaχ]
mañana (adv)	môre	[mɔrə]
pasado mañana	oormôre	[oərmɔrə]
ayer (adv)	gister	[χistər]
anteayer (adv)	eergister	[eərχistər]
día (m)	dag	[daχ]
día (m) de trabajo	werksdag	[verks·daχ]
día (m) de fiesta	openbare vakansiedag	[openbarə fakaŋsi·daχ]
día (m) de descanso	verlofdag	[fɛrlofdaχ]
fin (m) de semana	naweek	[naveək]
todo el día	die hele dag	[di helə daχ]
al día siguiente	die volgende dag	[di folχendə daχ]
dos días atrás	twee dae gelede	[tweə daə χeledə]
en vísperas (adv)	die dag voor	[di daχ foər]
diario (adj)	daeliks	[daəliks]
cada día (adv)	elke dag	[ɛlkə daχ]
semana (f)	week	[veək]
semana (f) pasada	laas week	[lãs veək]
semana (f) que viene	volgende week	[folχendə veək]
semanal (adj)	weekliks	[veəkliks]
cada semana (adv)	weekliks	[veəkliks]
todos los martes	elke Dinsdag	[ɛlkə dinsdaχ]

20. Las horas. El día y la noche

mañana (f)	oggend	[oχent]
por la mañana	soggens	[soχɛŋs]
mediodía (m)	middag	[middaχ]
por la tarde	in die namiddag	[in di namiddaχ]
noche (f)	aand	[ãnt]
por la noche	saans	[sãŋs]
noche (f) (p.ej. 2:00 a.m.)	nag	[naχ]

por la noche	snags	[snaχs]
medianoche (f)	middernag	[middərnaχ]
segundo (m)	sekonde	[sekondə]
minuto (m)	minuut	[minɪt]
hora (f)	uur	[ɪr]
media hora (f)	n halfuur	[n halfɪr]
quince minutos	vyftien minute	[fajftin minutə]
veinticuatro horas	24 ure	[fir-en-twintəχ urə]
salida (f) del sol	sonop	[son·op]
amanecer (m)	daeraad	[daerãt]
madrugada (f)	elke oggend	[ɛlkə oχent]
puesta (f) del sol	sononder	[son·ondər]
de madrugada	vroegdag	[fruχdaχ]
esta mañana	vanmôre	[fanmɔrə]
mañana por la mañana	môreoggend	[mɔrə·oχent]
esta tarde	vanmiddag	[fanmiddaχ]
por la tarde	in die namiddag	[in di namiddaχ]
mañana por la tarde	môremiddag	[mɔrə·middaχ]
esta noche (p.ej. 8:00 p.m.)	vanaand	[fanãnt]
mañana por la noche	môreaand	[mɔrə·ãnt]
a las tres en punto	klokslag 3 uur	[klokslaχ dri ɪr]
a eso de las cuatro	omstreeks 4 uur	[omstreeks fir ɪr]
para las doce	teen 12 uur	[teən twalf ɪr]
dentro de veinte minutos	oor twintig minute	[oər twintəχ minutə]
a tiempo (adv)	betyds	[betajds]
... menos cuarto	kwart voor ...	[kwart foər ...]
cada quince minutos	elke 15 minute	[ɛlkə fajftin minutə]
día y noche	24 uur per dag	[fir-en-twintəχ pər daχ]

21. Los meses. Las estaciones

enero (m)	Januarie	[januari]
febrero (m)	Februarie	[februari]
marzo (m)	Maart	[mãrt]
abril (m)	April	[april]
mayo (m)	Mei	[mæj]
junio (m)	Junie	[juni]
julio (m)	Julie	[juli]
agosto (m)	Augustus	[ɔuχustus]
septiembre (m)	September	[septembər]
octubre (m)	Oktober	[oktobər]
noviembre (m)	November	[nofembər]
diciembre (m)	Desember	[desembər]
primavera (f)	lente	[lentə]
en primavera	in die lente	[in di lentə]

de primavera (adj)	lente-	[lente-]
verano (m)	somer	[somər]
en verano	in die somer	[in di somər]
de verano (adj)	somerse	[somersə]
otoño (m)	herfs	[herfs]
en otoño	in die herfs	[in di herfs]
de otoño (adj)	herfsagtige	[herfsaχtiχə]
invierno (m)	winter	[vintər]
en invierno	in die winter	[in di vintər]
de invierno (adj)	winter-	[vintər-]
mes (m)	maand	[mãnt]
este mes	hierdie maand	[hirdi mãnt]
al mes siguiente	volgende maand	[folχendə mãnt]
el mes pasado	laasmaand	[lãsmãnt]
dentro de dos meses	oor twe maande	[oər twə mãndə]
todo el mes	die hele maand	[di helə mãnt]
mensual (adj)	maandeliks	[mãndəliks]
mensualmente (adv)	maandeliks	[mãndəliks]
cada mes	elke maand	[ɛlkə mãnt]
año (m)	jaar	[jãr]
este año	hierdie jaar	[hirdi jãr]
el próximo año	volgende jaar	[folχendə jãr]
el año pasado	laasjaar	[lãʃãr]
dentro de dos años	binne twee jaar	[binnə tweə jãr]
todo el año	die hele jaar	[di helə jãr]
cada año	elke jaar	[ɛlkə jãr]
anual (adj)	jaarliks	[jãrliks]
anualmente (adv)	jaarliks	[jãrliks]
cuatro veces por año	4 keer per jaar	[fir keər pər jãr]
fecha (f) (la ~ de hoy es ...)	datum	[datum]
fecha (f) (~ de entrega)	datum	[datum]
calendario (m)	kalender	[kalendər]
seis meses	ses maande	[ses mãndə]
estación (f)	seisoen	[sæjsun]
siglo (m)	eeu	[iʊ]

22. Las unidades de medida

peso (m)	gewig	[χevəχ]
longitud (f)	lengte	[leŋtə]
anchura (f)	breedte	[breədtə]
altura (f)	hoogte	[hoəχtə]
profundidad (f)	diepte	[diptə]
volumen (m)	volume	[folumə]

área (f)	area	[area]
gramo (m)	gram	[ɣram]
miligramo (m)	milligram	[milliɣram]
kilogramo (m)	kilogram	[kiloɣram]
tonelada (f)	ton	[ton]
libra (f)	pond	[pont]
onza (f)	ons	[ɔŋs]

metro (m)	meter	[metər]
milímetro (m)	millimeter	[millimetər]
centímetro (m)	sentimeter	[sentimetər]
kilómetro (m)	kilometer	[kilometər]
milla (f)	myl	[majl]

pulgada (f)	duim	[dœim]
pie (m)	voet	[fut]
yarda (f)	jaart	[jãrt]

metro (m) cuadrado	vierkante meter	[firkantə metər]
hectárea (f)	hektaar	[hektãr]

litro (m)	liter	[litər]
grado (m)	graad	[ɣrãt]
voltio (m)	volt	[folt]
amperio (m)	ampère	[ampɛːr]
caballo (m) de fuerza	perdekrag	[perdə·kraχ]

cantidad (f)	hoeveelheid	[hufeəlhæjt]
mitad (f)	helfte	[hɛlftə]
docena (f)	dosyn	[dosajn]
pieza (f)	stuk	[stuk]

dimensión (f)	grootte	[ɣroəttə]
escala (f) (del mapa)	skaal	[skãl]

mínimo (adj)	minimaal	[minimãl]
el más pequeño (adj)	die kleinste	[di klæjnstə]
medio (adj)	medium	[medium]
máximo (adj)	maksimaal	[maksimãl]
el más grande (adj)	die grootste	[di χroətstə]

23. Contenedores

tarro (m) de vidrio	glaspot	[χlas·pot]
lata (f)	blikkie	[blikki]
cubo (m)	emmer	[ɛmmər]
barril (m)	drom	[drom]

palangana (f)	wasbak	[vas·bak]
tanque (m)	tenk	[tɛnk]
petaca (f) (de alcohol)	heupfles	[høəp·fles]
bidón (m) de gasolina	petrolblik	[petrol·blik]
cisterna (f)	tenk	[tɛnk]
taza (f) (mug de cerámica)	beker	[bekər]

Español	Afrikáans	Pronunciación
taza (f) (~ de café)	koppie	[koppi]
platillo (m)	piering	[piriŋ]
vaso (m) (~ de agua)	glas	[χlas]
copa (f) (~ de vino)	wynglas	[vajn·χlas]
olla (f)	soppot	[sop·pot]
botella (f)	bottel	[bottəl]
cuello (m) de botella	nek	[nek]
garrafa (f)	kraffie	[kraffi]
jarro (m) (~ de agua)	kruik	[krœik]
recipiente (m)	houer	[hæʋər]
tarro (m)	pot	[pot]
florero (m)	vaas	[fãs]
frasco (m) (~ de perfume)	bottel	[bottəl]
frasquito (m)	botteltjie	[bottɛlki]
tubo (m)	buisie	[bœisi]
saco (m) (~ de azúcar)	sak	[sak]
bolsa (f) (~ plástica)	sak	[sak]
paquete (m) (~ de cigarrillos)	pakkie	[pakki]
caja (f)	kartondoos	[karton·doəs]
cajón (m) (~ de madera)	krat	[krat]
cesta (f)	mandjie	[mandʒi]

EL SER HUMANO

El ser humano. El cuerpo

24. La cabeza

cabeza (f)	kop	[kop]
cara (f)	gesig	[χesəχ]
nariz (f)	neus	[nøəs]
boca (f)	mond	[mont]
ojo (m)	oog	[oəχ]
ojos (m pl)	oë	[oɛ]
pupila (f)	pupil	[pupil]
ceja (f)	wenkbrou	[vɛnk·bræʊ]
pestaña (f)	ooghaar	[oəχ·hãr]
párpado (m)	ooglid	[oəχ·lit]
lengua (f)	tong	[toŋ]
diente (m)	tand	[tant]
labios (m pl)	lippe	[lippə]
pómulos (m pl)	wangbene	[vaŋ·benə]
encía (f)	tandvleis	[tand·flæjs]
paladar (m)	verhemelte	[fer·hemɛltə]
ventanas (f pl)	neusgate	[nøəsχatə]
mentón (m)	ken	[ken]
mandíbula (f)	kakebeen	[kakebeən]
mejilla (f)	wang	[vaŋ]
frente (f)	voorhoof	[foərhoəf]
sien (f)	slaap	[slãp]
oreja (f)	oor	[oər]
nuca (f)	agterkop	[aχtərkop]
cuello (m)	nek	[nek]
garganta (f)	keel	[keəl]
pelo, cabello (m)	haar	[hãr]
peinado (m)	kapsel	[kapsəl]
corte (m) de pelo	haarstyl	[hãrstajl]
peluca (f)	pruik	[prœik]
bigote (m)	snor	[snor]
barba (f)	baard	[bãrt]
tener (~ la barba)	dra	[dra]
trenza (f)	vlegsel	[fleχsəl]
patillas (f pl)	bakkebaarde	[bakkəbãrdə]
pelirrojo (adj)	rooiharig	[roj·harəχ]
gris, canoso (adj)	grys	[χrajs]

calvo (adj)	kaal	[kāl]
calva (f)	kaal plek	[kāl plek]
cola (f) de caballo	poniestert	[poni·stert]
flequillo (m)	gordyntjiekapsel	[χordajnki·kapsəl]

25. El cuerpo

mano (f)	hand	[hant]
brazo (m)	arm	[arm]
dedo (m)	vinger	[fiŋər]
dedo (m) del pie	toon	[toən]
dedo (m) pulgar	duim	[dœim]
dedo (m) meñique	pinkie	[pinki]
uña (f)	nael	[naəl]
puño (m)	vuis	[fœis]
palma (f)	palm	[palm]
muñeca (f)	pols	[pols]
antebrazo (m)	voorarm	[foərarm]
codo (m)	elmboog	[ɛlmboəχ]
hombro (m)	skouer	[skæʊər]
pierna (f)	been	[beən]
planta (f)	voet	[fut]
rodilla (f)	knie	[kni]
pantorrilla (f)	kuit	[kœit]
cadera (f)	heup	[høəp]
talón (m)	hakskeen	[hak·skeən]
cuerpo (m)	liggaam	[liχχām]
vientre (m)	maag	[mãχ]
pecho (m)	bors	[bors]
seno (m)	bors	[bors]
lado (m), costado (m)	sy	[saj]
espalda (f)	rug	[ruχ]
zona (f) lumbar	lae rug	[laə ruχ]
cintura (f), talle (m)	middel	[middəl]
ombligo (m)	naeltjie	[naɛlki]
nalgas (f pl)	boude	[bæʊdə]
trasero (m)	sitvlak	[sitflak]
lunar (m)	moesie	[musi]
marca (f) de nacimiento	moedervlek	[mudər·flek]
tatuaje (m)	tatoe	[tatu]
cicatriz (f)	litteken	[littekən]

La ropa y los accesorios

26. La ropa exterior. Los abrigos

ropa (f)	klere	[klerə]
ropa (f) de calle	oorklere	[oərklerə]
ropa (f) de invierno	winterklere	[vintər·klerə]
abrigo (m)	jas	[jas]
abrigo (m) de piel	pelsjas	[pelʃas]
abrigo (m) corto de piel	kort pelsjas	[kort pelʃas]
chaqueta (f) plumón	donsjas	[donʃas]
cazadora (f)	baadjie	[bādʒi]
impermeable (m)	reënjas	[reɛnjas]
impermeable (adj)	waterdig	[vatərdəχ]

27. Ropa de hombre y mujer

camisa (f)	hemp	[hemp]
pantalones (m pl)	broek	[bruk]
jeans, vaqueros (m pl)	denimbroek	[denim·bruk]
chaqueta (f), saco (m)	baadjie	[bādʒi]
traje (m)	pak	[pak]
vestido (m)	rok	[rok]
falda (f)	romp	[romp]
blusa (f)	bloes	[blus]
rebeca (f), chaqueta (f) de punto	gebreide baadjie	[χebræjdə bādʒi]
chaqueta (f)	baadjie	[bādʒi]
camiseta (f) (T-shirt)	T-hemp	[te-hemp]
pantalones (m pl) cortos	kortbroek	[kort·bruk]
traje (m) deportivo	sweetpak	[sweet·pak]
bata (f) de baño	badjas	[batjas]
pijama (m)	pajama	[pajama]
suéter (m)	trui	[trœi]
pulóver (m)	trui	[trœi]
chaleco (m)	onderbaadjie	[ondər·bādʒi]
frac (m)	swaelstertbaadjie	[swaɛlstert·bādʒi]
esmoquin (m)	aandpak	[āntpak]
uniforme (m)	uniform	[uniform]
ropa (f) de trabajo	werksklere	[verks·klerə]
mono (m)	oorpak	[oərpak]
bata (f) (p. ej. ~ blanca)	jas	[jas]

28. La ropa. La ropa interior

ropa (f) interior	onderklere	[ondərklerə]
bóxer (m)	onderbroek	[ondərbruk]
bragas (f pl)	onderbroek	[ondərbruk]
camiseta (f) interior	frokkie	[frokki]
calcetines (m pl)	sokkies	[sokkis]
camisón (m)	nagrok	[naχrok]
sostén (m)	bra	[bra]
calcetines (m pl) altos	kniekouse	[kni·kæʊsə]
pantimedias (f pl)	kousbroek	[kæʊsbruk]
medias (f pl)	kouse	[kæʊsə]
traje (m) de baño	baaikostuum	[bāj·kostɪm]

29. Gorras

gorro (m)	hoed	[hut]
sombrero (m) de fieltro	hoed	[hut]
gorra (f) de béisbol	bofbalpet	[bofbal·pet]
gorra (f) plana	pet	[pet]
boina (f)	mus	[mus]
capuchón (m)	kap	[kap]
panamá (m)	panamahoed	[panama·hut]
gorro (m) de punto	gebreide mus	[χebræjdə mus]
pañuelo (m)	kopdoek	[kopduk]
sombrero (m) de mujer	dameshoed	[dames·hut]
casco (m) (~ protector)	veiligheidshelm	[fæjliχæjts·hɛlm]
gorro (m) de campaña	mus	[mus]
casco (m) (~ de moto)	helmet	[hɛlmet]
bombín (m)	bolhoed	[bolhut]
sombrero (m) de copa	hoëhoed	[hoɛhut]

30. El calzado

calzado (m)	skoeisel	[skuisəl]
botas (f pl)	mansskoene	[maŋs·skunə]
zapatos (m pl) (~ de tacón bajo)	damesskoene	[dames·skunə]
botas (f pl) altas	laarse	[lārsə]
zapatillas (f pl)	pantoffels	[pantoffəls]
tenis (m pl)	tennisskoene	[tɛnnis·skunə]
zapatillas (f pl) de lona	tekkies	[tɛkkis]
sandalias (f pl)	sandale	[sandalə]
zapatero (m)	skoenmaker	[skun·makər]
tacón (m)	hak	[hak]

par (m)	paar	[pār]
cordón (m)	skoenveter	[skun·fetər]
encordonar (vt)	ryg	[rajχ]
calzador (m)	skoenlepel	[skun·lepəl]
betún (m)	skoenpolitoer	[skun·politur]

31. Accesorios personales

guantes (m pl)	handskoene	[handskunə]
manoplas (f pl)	duimhandskoene	[dœim·handskunə]
bufanda (f)	serp	[serp]
gafas (f pl)	bril	[bril]
montura (f)	raam	[rām]
paraguas (m)	sambreel	[sambreəl]
bastón (m)	wandelstok	[vandəl·stok]
cepillo (m) de pelo	haarborsel	[hār·borsəl]
abanico (m)	waaier	[vājer]
corbata (f)	das	[das]
pajarita (f)	strikkie	[strikki]
tirantes (m pl)	kruisbande	[krœis·bandə]
moquero (m)	sakdoek	[sakduk]
peine (m)	kam	[kam]
pasador (m) de pelo	haarspeld	[hārs·pɛlt]
horquilla (f)	haarpen	[hār·pen]
hebilla (f)	gespe	[χespə]
cinturón (m)	belt	[bɛlt]
correa (f) (de bolso)	skouerband	[skæuer·bant]
bolsa (f)	handsak	[hand·sak]
bolso (m)	beursie	[bøərsi]
mochila (f)	rugsak	[ruχsak]

32. La ropa. Miscelánea

moda (f)	mode	[modə]
de moda (adj)	in die mode	[in di modə]
diseñador (m) de moda	modeontwerper	[modə·ontwerpər]
cuello (m)	kraag	[krāχ]
bolsillo (m)	sak	[sak]
de bolsillo (adj)	sak-	[sak-]
manga (f)	mou	[mæʊ]
presilla (f)	lussie	[lussi]
brague ta (f)	gulp	[χulp]
cremallera (f)	ritssluiter	[rits·slœitər]
cierre (m)	vasmaker	[fasmakər]
botón (m)	knoop	[knoəp]

ojal (m)	knoopsgat	[knoəps·ҳat]
saltar (un botón)	loskom	[loskom]
coser (vi, vt)	naai	[nāi]
bordar (vt)	borduur	[bordɪr]
bordado (m)	borduurwerk	[bordɪr·werk]
aguja (f)	naald	[nālt]
hilo (m)	garing	[ҳariŋ]
costura (f)	soom	[soəm]
ensuciarse (vr)	vuil word	[fœil vort]
mancha (f)	vlek	[flek]
arrugarse (vr)	kreukel	[krøəkəl]
rasgar (vt)	skeur	[skøər]
polilla (f)	mot	[mot]

33. Productos personales. Cosméticos

pasta (f) de dientes	tandepasta	[tandə·pasta]
cepillo (m) de dientes	tandeborsel	[tandə·borsəl]
limpiarse los dientes	tande borsel	[tandə borsəl]
maquinilla (f) de afeitar	skeermes	[skeər·mes]
crema (f) de afeitar	skeerroom	[skeər·roəm]
afeitarse (vr)	skeer	[skeər]
jabón (m)	seep	[seəp]
champú (m)	sjampoe	[ʃampu]
tijeras (f pl)	skêr	[skær]
lima (f) de uñas	naelvyl	[naɛl·fajl]
cortaúñas (m pl)	naelknipper	[naɛl·knippər]
pinzas (f pl)	haartangetjie	[hārtaŋəki]
cosméticos (m pl)	kosmetika	[kosmetika]
mascarilla (f)	gesigmasker	[ҳesiҳ·maskər]
manicura (f)	manikuur	[manikɪr]
hacer la manicura	laat manikuur	[lāt manikɪr]
pedicura (f)	voetbehandeling	[fut·behandeliŋ]
bolsa (f) de maquillaje	kosmetika tassie	[kosmetika tassi]
polvos (m pl)	gesigpoeier	[ҳesiҳ·pujer]
polvera (f)	poeierdosie	[pujer·dosi]
colorete (m), rubor (m)	blosser	[blossər]
perfume (m)	parfuum	[parfɪm]
agua (f) de tocador	reukwater	[røək·vatər]
loción (f)	vloeiroom	[flui·roəm]
agua (f) de Colonia	reukwater	[røək·vatər]
sombra (f) de ojos	oogskadu	[oəҳ·skadu]
lápiz (m) de ojos	oogomlyner	[oəҳ·omlajnər]
rímel (m)	maskara	[maskara]
pintalabios (m)	lipstiffie	[lip·stiffi]

esmalte (m) de uñas	naellak	[naɛl·lak]
fijador (m) para el pelo	haarsproei	[hārs·prui]
desodorante (m)	reukweermiddel	[røøk·veərmiddəl]

crema (f)	room	[roəm]
crema (f) de belleza	gesigroom	[χesiχ·roəm]
crema (f) de manos	handroom	[hand·roəm]
crema (f) antiarrugas	antirimpelroom	[antirimpəl·roəm]
crema (f) de día	dagroom	[daχ·roəm]
crema (f) de noche	nagroom	[naχ·roəm]
de día (adj)	dag-	[daχ-]
de noche (adj)	nag-	[naχ-]

tampón (m)	tampon	[tampon]
papel (m) higiénico	toiletpapier	[tojlet·papir]
secador (m) de pelo	haardroër	[hār·droɛr]

34. Los relojes

reloj (m)	polshorlosie	[pols·horlosi]
esfera (f)	wyserplaat	[vajsər·plāt]
aguja (f)	wyster	[vajstər]
pulsera (f)	metaal horlosiebandjie	[metāl horlosi·bandʒi]
correa (f) (del reloj)	horlosiebandjie	[horlosi·bandʒi]

pila (f)	battery	[battəraj]
descargarse (vr)	pap wees	[pap veəs]
adelantarse (vr)	voorloop	[foərloəp]
retrasarse (vr)	agterloop	[aχtərloəp]

reloj (m) de pared	muurhorlosie	[mɪr·horlosi]
reloj (m) de arena	uurglas	[ɪr·χlas]
reloj (m) de sol	sonwyser	[son·wajsər]
despertador (m)	wekker	[vɛkkər]
relojero (m)	horlosiemaker	[horlosi·makər]
reparar (vt)	herstel	[herstəl]

La comida y la nutrición

35. La comida

carne (f)	vleis	[flæjs]
gallina (f)	hoender	[hundər]
pollo (m)	braaikuiken	[brāj·kœiken]
pato (m)	eend	[eent]
ganso (m)	gans	[χaŋs]
caza (f) menor	wild	[vilt]
pava (f)	kalkoen	[kalkun]
carne (f) de cerdo	varkvleis	[fark·flæjs]
carne (f) de ternera	kalfsvleis	[kalfs·flæjs]
carne (f) de carnero	lamsvleis	[lams·flæjs]
carne (f) de vaca	beesvleis	[beəs·flæjs]
conejo (m)	konynvleis	[konajn·flæjs]
salchichón (m)	wors	[vors]
salchicha (f)	Weense worsie	[vɛɳsə vorsi]
beicon (m)	spek	[spek]
jamón (m)	ham	[ham]
jamón (m) fresco	gerookte ham	[χeroəktə ham]
paté (m)	patee	[pateə]
hígado (m)	lewer	[levər]
carne (f) picada	maalvleis	[māl·flæjs]
lengua (f)	tong	[toŋ]
huevo (m)	eier	[æjer]
huevos (m pl)	eiers	[æjers]
clara (f)	eierwit	[æjer·wit]
yema (f)	dooier	[dojer]
pescado (m)	vis	[fis]
mariscos (m pl)	seekos	[seə·kos]
crustáceos (m pl)	skaaldiere	[skāldirə]
caviar (m)	kaviaar	[kafiār]
cangrejo (m) de mar	krab	[krap]
camarón (m)	garnaal	[χarnāl]
ostra (f)	oester	[ustər]
langosta (f)	seekreef	[seə·kreəf]
pulpo (m)	seekat	[seə·kat]
calamar (m)	pylinkvis	[pajl·inkfis]
esturión (m)	steur	[støər]
salmón (m)	salm	[salm]
fletán (m)	heilbot	[hæjlbot]
bacalao (m)	kabeljou	[kabeljæu]

caballa (f)	makriel	[makril]
atún (m)	tuna	[tuna]
anguila (f)	paling	[paliŋ]

trucha (f)	forel	[forəl]
sardina (f)	sardyn	[sardajn]
lucio (m)	varswatersnoek	[farswatər·snuk]
arenque (m)	haring	[hariŋ]

pan (m)	brood	[broət]
queso (m)	kaas	[kãs]
azúcar (m)	suiker	[sœikər]
sal (f)	sout	[sæʊt]

arroz (m)	rys	[rajs]
macarrones (m pl)	pasta	[pasta]
tallarines (m pl)	noedels	[nudɛls]

mantequilla (f)	botter	[bottər]
aceite (m) vegetal	plantaardige olie	[plantãrdiχə oli]
aceite (m) de girasol	sonblomolie	[sonblom·oli]
margarina (f)	margarien	[marχarin]

| olivas, aceitunas (f pl) | olywe | [olajvə] |
| aceite (m) de oliva | olyfolie | [olajf·oli] |

leche (f)	melk	[melk]
leche (f) condensada	kondensmelk	[kondɛŋs·melk]
yogur (m)	jogurt	[joχurt]
nata (f) agria	suurroom	[sɪr·roəm]
nata (f) líquida	room	[roəm]

| mayonesa (f) | mayonnaise | [majonɛs] |
| crema (f) de mantequilla | crème | [krɛm] |

cereales (m pl) integrales	ontbytgraan	[ontbajt·χrãn]
harina (f)	meelblom	[meəl·blom]
conservas (f pl)	blikkieskos	[blikkis·kos]

copos (m pl) de maíz	mielievlokkies	[mili·flokkis]
miel (f)	heuning	[høəniŋ]
confitura (f)	konfyt	[konfajt]
chicle (m)	kougom	[kæʊχom]

36. Las bebidas

agua (f)	water	[vatər]
agua (f) potable	drinkwater	[drink·vatər]
agua (f) mineral	mineraalwater	[minerãl·vatər]

sin gas	sonder gas	[sondər χas]
gaseoso (adj)	soda-	[soda-]
con gas	bruis-	[brœis-]
hielo (m)	ys	[ajs]

con hielo	met ys	[met ajs]
sin alcohol	nie-alkoholies	[ni-alkoholis]
bebida (f) sin alcohol	koeldrank	[kul·drank]
refresco (m)	verfrissende drank	[ferfrissendə drank]
limonada (f)	limonade	[limonadə]
bebidas (f pl) alcohólicas	likeure	[likøərə]
vino (m)	wyn	[vajn]
vino (m) blanco	witwyn	[vit·vajn]
vino (m) tinto	rooiwyn	[roj·vajn]
licor (m)	likeur	[likøər]
champaña (f)	sjampanje	[ʃampanje]
vermú (m)	vermoet	[fermut]
whisky (m)	whisky	[vhiskaj]
vodka (m)	vodka	[fodka]
ginebra (f)	jenever	[jenefər]
coñac (m)	brandewyn	[brandə·vajn]
ron (m)	rum	[rum]
café (m)	koffie	[koffi]
café (m) solo	swart koffie	[swart koffi]
café (m) con leche	koffie met melk	[koffi met melk]
capuchino (m)	capuccino	[kaputʃino]
café (m) soluble	poeierkoffie	[pujer·koffi]
leche (f)	melk	[melk]
cóctel (m)	mengeldrankie	[menχəl·dranki]
batido (m)	melkskommel	[melk·skommel]
zumo (m), jugo (m)	sap	[sap]
jugo (m) de tomate	tamatiesap	[tamati·sap]
zumo (m) de naranja	lemoensap	[lemoən·sap]
zumo (m) fresco	vars geparste sap	[fars χeparstə sap]
cerveza (f)	bier	[bir]
cerveza (f) rubia	ligte bier	[liχtə bir]
cerveza (f) negra	donker bier	[donkər bir]
té (m)	tee	[teə]
té (m) negro	swart tee	[swart teə]
té (m) verde	groen tee	[χrun teə]

37. Las verduras

legumbres (f pl)	groente	[χruntə]
verduras (f pl)	groente	[χruntə]
tomate (m)	tamatie	[tamati]
pepino (m)	komkommer	[komkommər]
zanahoria (f)	wortel	[vortəl]
patata (f)	aartappel	[ārtappəl]
cebolla (f)	ui	[œi]

ajo (m)	knoffel	[knoffəl]
col (f)	kool	[koəl]
coliflor (f)	blomkool	[blom·koəl]
col (f) de Bruselas	Brusselspruite	[brussɛl·sprœitə]
brócoli (m)	broccoli	[brokoli]

remolacha (f)	beet	[beət]
berenjena (f)	eiervrug	[æjerfruχ]
calabacín (m)	vingerskorsie	[fiŋər·skorsi]
calabaza (f)	pampoen	[pampun]
nabo (m)	raap	[rãp]

perejil (m)	pietersielie	[pitərsili]
eneldo (m)	dille	[dillə]
lechuga (f)	slaai	[slãi]
apio (m)	seldery	[selderaj]
espárrago (m)	aspersie	[aspersi]
espinaca (f)	spinasie	[spinasi]

guisante (m)	ertjie	[ɛrki]
habas (f pl)	boontjies	[boənkis]
maíz (m)	mielie	[mili]
fréjol (m)	nierboontjie	[nir·boənki]

pimiento (m) dulce	paprika	[paprika]
rábano (m)	radys	[radajs]
alcachofa (f)	artisjok	[artiʃok]

38. Las frutas. Las nueces

fruto (m)	vrugte	[fruχtə]
manzana (f)	appel	[appəl]
pera (f)	peer	[peər]
limón (m)	suurlemoen	[sɪr·lemun]
naranja (f)	lemoen	[lemun]
fresa (f)	aarbei	[ãrbæj]

mandarina (f)	nartjie	[narki]
ciruela (f)	pruim	[prœim]
melocotón (m)	perske	[perskə]
albaricoque (m)	appelkoos	[appɛlkoəs]
frambuesa (f)	framboos	[framboəs]
piña (f)	pynappel	[pajnappəl]

banana (f)	piesang	[pisaŋ]
sandía (f)	waatlemoen	[vãtlemun]
uva (f)	druif	[drœif]
guinda (f)	suurkersie	[sɪr·kersi]
cereza (f)	soetkersie	[sut·kersi]
melón (m)	spanspek	[spaŋspek]

pomelo (m)	pomelo	[pomelo]
aguacate (m)	avokado	[afokado]
papaya (f)	papaja	[papaja]

| mango (m) | mango | [manχo] |
| granada (f) | granaat | [χranãt] |

grosella (f) roja	rooi aalbessie	[roj ãlbɛssi]
grosella (f) negra	swartbessie	[swartbɛssi]
grosella (f) espinosa	appelliefie	[appɛllifi]
arándano (m)	bosbessie	[bosbɛssi]
zarzamoras (f pl)	braambessie	[brãmbɛssi]

pasas (f pl)	rosyntjie	[rosajnki]
higo (m)	vy	[faj]
dátil (m)	dadel	[dadəl]

cacahuete (m)	grondboontjie	[χront·boənki]
almendra (f)	amandel	[amandəl]
nuez (f)	okkerneut	[okkər·nøət]
avellana (f)	haselneut	[hasɛl·nøət]
nuez (f) de coco	klapper	[klappər]
pistachos (m pl)	pistachio	[pistatʃio]

39. El pan. Los dulces

pasteles (m pl)	soet gebak	[sut χebak]
pan (m)	brood	[broət]
galletas (f pl)	koekies	[kukis]

chocolate (m)	sjokolade	[ʃokoladə]
de chocolate (adj)	sjokolade	[ʃokoladə]
caramelo (m)	lekkers	[lɛkkərs]
tarta (f) (pequeña)	koek	[kuk]
tarta (f) (~ de cumpleaños)	koek	[kuk]

| tarta (f) (~ de manzana) | pastei | [pastæj] |
| relleno (m) | vulsel | [fulsəl] |

confitura (f)	konfyt	[konfajt]
mermelada (f)	marmelade	[marmeladə]
gofre (m)	wafels	[vafɛls]
helado (m)	roomys	[roəm·ajs]
pudin (m)	poeding	[pudiŋ]

40. Los platos

plato (m)	gereg	[χerəχ]
cocina (f)	kookkuns	[koək·kuns]
receta (f)	resep	[resep]
porción (f)	porsie	[porsi]

ensalada (f)	slaai	[slãi]
sopa (f)	sop	[sop]
caldo (m)	helder sop	[hɛldər sop]
bocadillo (m)	toebroodjie	[tubroədʒi]

Español	Afrikáans	Pronunciación
huevos (m pl) fritos	gabakte eiers	[χabaktə æjers]
hamburguesa (f)	hamburger	[hamburχər]
bistec (m)	biefstuk	[bifstuk]

guarnición (f)	sygereg	[saj·χerəχ]
espagueti (m)	spaghetti	[spaχɛtti]
puré (m) de patatas	kapokaartappels	[kapok·ārtappəls]
pizza (f)	pizza	[pizza]
gachas (f pl)	pap	[pap]
tortilla (f) francesa	omelet	[oməlet]

cocido en agua (adj)	gekook	[χekoək]
ahumado (adj)	gerook	[χeroək]
frito (adj)	gebak	[χebak]
seco (adj)	gedroog	[χedroəχ]
congelado (adj)	gevries	[χefris]
marinado (adj)	gepiekel	[χepikəl]

azucarado, dulce (adj)	soet	[sut]
salado (adj)	sout	[sæʊt]
frío (adj)	koud	[kæʊt]
caliente (adj)	warm	[varm]
amargo (adj)	bitter	[bittər]
sabroso (adj)	smaaklik	[smāklik]

cocer en agua	kook in water	[koək in vatər]
preparar (la cena)	kook	[koək]
freír (vt)	braai	[braj]
calentar (vt)	opwarm	[opwarm]

salar (vt)	sout	[sæʊt]
poner pimienta	peper	[pepər]
rallar (vt)	rasp	[rasp]
piel (f)	skil	[skil]
pelar (vt)	skil	[skil]

41. Las especias

sal (f)	sout	[sæʊt]
salado (adj)	sout	[sæʊt]
salar (vt)	sout	[sæʊt]

pimienta (f) negra	swart peper	[swart pepər]
pimienta (f) roja	rooi peper	[roj pepər]
mostaza (f)	mosterd	[mostert]
rábano (m) picante	peperwortel	[peper·wortəl]

condimento (m)	smaakmiddel	[smāk·middəl]
especia (f)	spesery	[spesəraj]
salsa (f)	sous	[sæʊs]
vinagre (m)	asyn	[asajn]

anís (m)	anys	[anajs]
albahaca (f)	basilikum	[basilikum]

clavo (m)	naeltjies	[naɛlkis]
jengibre (m)	gemmer	[χɛmmər]
cilantro (m)	koljander	[koljandər]
canela (f)	kaneel	[kaneəl]

sésamo (m)	sesamsaad	[sesam·sāt]
hoja (f) de laurel	lourierblaar	[læʊrir·blār]
paprika (f)	paprika	[paprika]
comino (m)	komynsaad	[komajnsāt]
azafrán (m)	saffraan	[saffrān]

42. Las comidas

| comida (f) | kos | [kos] |
| comer (vi, vt) | eet | [eət] |

desayuno (m)	ontbyt	[ontbajt]
desayunar (vi)	ontbyt	[ontbajt]
almuerzo (m)	middagete	[middaχ·etə]
almorzar (vi)	gaan eet	[χān eət]
cena (f)	aandete	[āndetə]
cenar (vi)	aandete gebruik	[āndetə χebrœik]

| apetito (m) | aptyt | [aptajt] |
| ¡Que aproveche! | Smaaklike ete! | [smāklikə etə!] |

abrir (vt)	oopmaak	[oəpmāk]
derramar (líquido)	mors	[mors]
derramarse (líquido)	mors	[mors]

hervir (vi)	kook	[koək]
hervir (vt)	kook	[koək]
hervido (agua ~a)	gekook	[χekoək]
enfriar (vt)	laat afkoel	[lāt afkul]
enfriarse (vr)	afkoel	[afkul]

| sabor (m) | smaak | [smāk] |
| regusto (m) | nasmaak | [nasmāk] |

adelgazar (vi)	vermaer	[fermaər]
dieta (f)	dieet	[diət]
vitamina (f)	vitamien	[fitamin]
caloría (f)	kalorie	[kalori]

| vegetariano (m) | vegetariër | [feχetariɛr] |
| vegetariano (adj) | vegetaries | [feχetaris] |

grasas (f pl)	vette	[fɛttə]
proteínas (f pl)	proteïen	[proteïen]
carbohidratos (m pl)	koolhidrate	[koəlhidratə]

loncha (f)	snytjie	[snajki]
pedazo (m)	stuk	[stuk]
miga (f)	krummel	[krumməl]

43. Los cubiertos

cuchara (f)	lepel	[lepəl]
cuchillo (m)	mes	[mes]
tenedor (m)	vurk	[furk]
taza (f)	koppie	[koppi]
plato (m)	bord	[bort]
platillo (m)	piering	[piriŋ]
servilleta (f)	servet	[serfət]
mondadientes (m)	tandestokkie	[tandə·stokki]

44. El restaurante

restaurante (m)	restaurant	[restɔurant]
cafetería (f)	koffiekroeg	[koffi·kruχ]
bar (m)	kroeg	[kruχ]
salón (m) de té	teekamer	[teə·kamər]
camarero (m)	kelner	[kɛlnər]
camarera (f)	kelnerin	[kɛlnərin]
barman (m)	kroegman	[kruχman]
carta (f), menú (m)	spyskaart	[spajs·kãrt]
carta (f) de vinos	wyn	[vajn]
reservar una mesa	wynkaart	[vajn·kãrt]
plato (m)	gereg	[χerəχ]
pedir (vt)	bestel	[bestəl]
hacer un pedido	bestel	[bestəl]
aperitivo (m)	drankie	[dranki]
entremés (m)	voorgereg	[foərχerəχ]
postre (m)	nagereg	[naχerəχ]
cuenta (f)	rekening	[rekəniŋ]
pagar la cuenta	die rekening betaal	[di rekeniŋ betãl]
dar la vuelta	kleingeld gee	[klæjn·χɛlt χeə]
propina (f)	fooitjie	[fojki]

La familia nuclear, los parientes y los amigos

45. La información personal. Los formularios

nombre (m)	voornaam	[foərnām]
apellido (m)	van	[fan]
fecha (f) de nacimiento	geboortedatum	[χeboərtə·datum]
lugar (m) de nacimiento	geboorteplek	[χeboərtə·plek]
nacionalidad (f)	nasionaliteit	[naʃionalitæjt]
domicilio (m)	woonplek	[voən·plek]
país (m)	land	[lant]
profesión (f)	beroep	[berup]
sexo (m)	geslag	[χeslaχ]
estatura (f)	lengte	[leŋtə]
peso (m)	gewig	[χevəχ]

46. Los familiares. Los parientes

madre (f)	moeder	[mudər]
padre (m)	vader	[fadər]
hijo (m)	seun	[søən]
hija (f)	dogter	[doχtər]
hija (f) menor	jonger dogter	[joŋər doχtər]
hijo (m) menor	jonger seun	[joŋər søən]
hija (f) mayor	oudste dogter	[æʊdstə doχtər]
hijo (m) mayor	oudste seun	[æʊdstə søən]
hermano (m)	broer	[brur]
hermano (m) mayor	ouer broer	[æʊer brur]
hermano (m) menor	jonger broer	[joŋər brur]
hermana (f)	suster	[sustər]
hermana (f) mayor	ouer suster	[æʊer sustər]
hermana (f) menor	jonger suster	[joŋər sustər]
primo (m)	neef	[neəf]
prima (f)	neef	[neəf]
mamá (f)	ma	[ma]
papá (m)	pa	[pa]
padres (pl)	ouers	[æʊers]
niño -a (m, f)	kind	[kint]
niños (pl)	kinders	[kindərs]
abuela (f)	ouma	[æʊma]
abuelo (m)	oupa	[æʊpa]

nieto (m)	kleinseun	[klæjn·søən]
nieta (f)	kleindogter	[klæjn·doχtər]
nietos (pl)	kleinkinders	[klæjn·kindərs]

tío (m)	oom	[oəm]
tía (f)	tante	[tantə]
sobrino (m)	neef	[neəf]
sobrina (f)	nig	[niχ]

suegra (f)	skoonma	[skoən·ma]
suegro (m)	skoonpa	[skoən·pa]
yerno (m)	skoonseun	[skoən·søən]
madrastra (f)	stiefma	[stifma]
padrastro (m)	stiefpa	[stifpa]

niño (m) de pecho	baba	[baba]
bebé (m)	baba	[baba]
chico (m)	seuntjie	[søənki]

mujer (f)	vrou	[fræʊ]
marido (m)	man	[man]
esposo (m)	eggenoot	[ɛχχenoət]
esposa (f)	eggenote	[ɛχχenotə]

casado (adj)	getroud	[χetræʊt]
casada (adj)	getroud	[χetræʊt]
soltero (adj)	ongetroud	[onχətræʊt]
soltero (m)	vrygesel	[frajχesəl]
divorciado (adj)	geskei	[χeskæj]
viuda (f)	weduwee	[veduveə]
viudo (m)	wedunaar	[vedunār]

pariente (m)	familielid	[famililit]
pariente (m) cercano	na familie	[na famili]
pariente (m) lejano	ver familie	[fer famili]
parientes (pl)	familielede	[famililedə]

huérfano (m)	weeskind	[veəskint]
huérfana (f)	weeskind	[veəskint]
tutor (m)	voog	[foəχ]
adoptar (un niño)	aanneem	[ānneəm]
adoptar (una niña)	aanneem	[ānneəm]

La medicina

47. Las enfermedades

enfermedad (f)	siekte	[siktə]
estar enfermo	siek wees	[sik veəs]
salud (f)	gesondheid	[χesonthæjt]
resfriado (m) (coriza)	loopneus	[loəpnøes]
angina (f)	keelontsteking	[keəl·ontstekiŋ]
resfriado (m)	verkoue	[ferkæuə]
bronquitis (f)	bronchitis	[bronχitis]
pulmonía (f)	longontsteking	[loŋ·ontstekiŋ]
gripe (f)	griep	[χrip]
miope (adj)	bysiende	[bajsində]
présbita (adj)	versiende	[fersində]
estrabismo (m)	skeelheid	[skeəlhæjt]
estrábico (m) (adj)	skeel	[skeəl]
catarata (f)	katarak	[katarak]
glaucoma (m)	gloukoom	[χlæukoəm]
insulto (m)	beroerte	[berurtə]
ataque (m) cardiaco	hartaanval	[hart·ānfal]
infarto (m) de miocardio	hartinfark	[hart·infark]
parálisis (f)	verlamming	[ferlammiŋ]
paralizar (vt)	verlam	[ferlam]
alergia (f)	allergie	[allerχi]
asma (f)	asma	[asma]
diabetes (f)	suikersiekte	[sœikər·siktə]
dolor (m) de muelas	tandpyn	[tand·pajn]
caries (f)	tandbederf	[tand·bederf]
diarrea (f)	diarree	[diarreə]
estreñimiento (m)	hardlywigheid	[hardlajviχæjt]
molestia (f) estomacal	maagongesteldheid	[māχ·oŋəstɛldhæjt]
envenenamiento (m)	voedselvergiftiging	[fudsəl·ferχiftəχiŋ]
envenenarse (vr)	voedselvergiftiging kry	[fudsəl·ferχiftəχiŋ kraj]
artritis (f)	artritis	[artritis]
raquitismo (m)	Engelse siekte	[ɛŋəlsə siktə]
reumatismo (m)	reumatiek	[røəmatik]
ateroesclerosis (f)	artrosklerose	[artrosklerosə]
gastritis (f)	maagontsteking	[māχ·ontstekiŋ]
apendicitis (f)	blindedermontsteking	[blindederm·ontstekiŋ]
colecistitis (f)	galblaasontsteking	[χalblās·ontstekiŋ]

úlcera (f)	maagsweer	[mãχsweər]
sarampión (m)	masels	[masɛls]
rubeola (f)	Duitse masels	[dœitsə masɛls]
ictericia (f)	geelsug	[χeəlsuχ]
hepatitis (f)	hepatitis	[hepatitis]
esquizofrenia (f)	skisofrenie	[skisofreni]
rabia (f) (hidrofobia)	hondsdolheid	[hondsdolhæjt]
neurosis (f)	neurose	[nøərosə]
conmoción (f) cerebral	harsingskudding	[harsiŋ·skuddiŋ]
cáncer (m)	kanker	[kankər]
esclerosis (f)	sklerose	[sklerosə]
esclerosis (m) múltiple	veelvuldige sklerose	[feəlfuldiχə sklerosə]
alcoholismo (m)	alkoholisme	[alkoholismə]
alcohólico (m)	alkoholikus	[alkoholikus]
sífilis (f)	sifilis	[sifilis]
SIDA (m)	VIGS	[vigs]
tumor (m)	tumor	[tumor]
maligno (adj)	kwaadaardig	[kwãdārdəχ]
benigno (adj)	goedaardig	[χudārdəχ]
fiebre (f)	koors	[koərs]
malaria (f)	malaria	[malaria]
gangrena (f)	gangreen	[χanχreən]
mareo (m)	seesiekte	[seə·siktə]
epilepsia (f)	epilepsie	[ɛpilepsi]
epidemia (f)	epidemie	[ɛpidemi]
tifus (m)	tifus	[tifus]
tuberculosis (f)	tuberkulose	[tuberkulosə]
cólera (f)	cholera	[χolera]
peste (f)	pes	[pes]

48. Los síntomas. Los tratamientos. Unidad 1

síntoma (m)	simptoom	[simptoəm]
temperatura (f)	temperatuur	[temperatɪr]
fiebre (f)	koors	[koərs]
pulso (m)	polsslag	[pols·slaχ]
mareo (m) (vértigo)	duiseligheid	[dœiseliχæjt]
caliente (adj)	warm	[varm]
escalofrío (m)	koue rillings	[kæʋə rilliŋs]
pálido (adj)	bleek	[bleək]
tos (f)	hoes	[hus]
toser (vi)	hoes	[hus]
estornudar (vi)	nies	[nis]
desmayo (m)	floute	[flæʋtə]
desmayarse (vr)	flou word	[flæʋ vort]
moradura (f)	blou kol	[blæʋ kol]

chichón (m)	knop	[knop]
golpearse (vr)	stamp	[stamp]
magulladura (f)	besering	[beseriŋ]
cojear (vi)	hink	[hink]
dislocación (f)	ontwrigting	[ontwriχtiŋ]
dislocar (vt)	ontwrig	[ontwrəχ]
fractura (f)	breuk	[brøək]
tener una fractura	n breuk hê	[n brøək hɛː]
corte (m) (tajo)	sny	[snaj]
cortarse (vr)	jouself sny	[jæusɛlf snaj]
hemorragia (f)	bloeding	[bludiŋ]
quemadura (f)	brandwond	[brant·vont]
quemarse (vr)	jouself brand	[jæusɛlf brant]
pincharse (~ el dedo)	prik	[prik]
pincharse (vr)	jouself prik	[jæusɛlf prik]
herir (vt)	seermaak	[seermãk]
herida (f)	besering	[beseriŋ]
lesión (f) (herida)	wond	[vont]
trauma (m)	trauma	[trɔuma]
delirar (vi)	yl	[ajl]
tartamudear (vi)	stotter	[stottər]
insolación (f)	sonsteek	[sɔŋ·steək]

49. Los síntomas. Los tratamientos. Unidad 2

dolor (m)	pyn	[pajn]
astilla (f)	splinter	[splintər]
sudor (m)	sweet	[sweət]
sudar (vi)	sweet	[sweət]
vómito (m)	braak	[brãk]
convulsiones (f pl)	stuiptrekkings	[stœip·trɛkkiŋs]
embarazada (adj)	swanger	[swaŋər]
nacer (vi)	gebore word	[χeborə vort]
parto (m)	geboorte	[χeboərtə]
dar a luz	baar	[bãr]
aborto (m)	aborsie	[aborsi]
respiración (f)	asemhaling	[asemhaliŋ]
inspiración (f)	inaseming	[inasemiŋ]
espiración (f)	uitaseming	[œitasemiŋ]
espirar (vi)	uitasem	[œitasem]
inspirar (vi)	inasem	[inasem]
inválido (m)	invalide	[infalidə]
mutilado (m)	kreupel	[krøəpəl]
drogadicto (m)	dwelmslaaf	[dwɛlm·slãf]
sordo (adj)	doof	[doəf]

mudo (adj) | stom | [stom]
sordomudo (adj) | doofstom | [doəf·stom]

loco (adj) | swaksinnig | [swaksinnəχ]
loco (m) | kranksinnige | [kranksinniχə]
loca (f) | kranksinnige | [kranksinniχə]
volverse loco | kranksinnig word | [kranksinnəχ vort]

gen (m) | geen | [χeən]
inmunidad (f) | immuniteit | [immunitæjt]
hereditario (adj) | erflik | [ɛrflik]
de nacimiento (adj) | aangebore | [ānχəborə]

virus (m) | virus | [firus]
microbio (m) | mikrobe | [mikrobə]
bacteria (f) | bakterie | [bakteri]
infección (f) | infeksie | [infeksi]

50. Los síntomas. Los tratamientos. Unidad 3

hospital (m) | hospitaal | [hospitāl]
paciente (m) | pasiënt | [pasiɛnt]

diagnosis (f) | diagnose | [diaχnosə]
cura (f) | genesing | [χenesiŋ]
tratamiento (m) | mediese behandeling | [medisə behandəliŋ]
curarse (vr) | behandeling kry | [behandəliŋ kraj]
tratar (vt) | behandel | [behandəl]
cuidar (a un enfermo) | versorg | [fersorχ]
cuidados (m pl) | versorging | [fersorχiŋ]

operación (f) | operasie | [operasi]
vendar (vt) | verbind | [ferbint]
vendaje (m) | verband | [ferbant]
vacunación (f) | inenting | [inɛntiŋ]
vacunar (vt) | inent | [inɛnt]
inyección (f) | inspuiting | [inspœitiŋ]

ataque (m) | aanval | [ānfal]
amputación (f) | amputasie | [amputasi]
amputar (vt) | amputeer | [amputeər]
coma (m) | koma | [koma]
revitalización (f) | intensiewe sorg | [intɛnsivə sorχ]

recuperarse (vr) | herstel | [herstəl]
estado (m) (de salud) | kondisie | [kondisi]
consciencia (f) | bewussyn | [bevussajn]
memoria (f) | geheue | [χəhøə]

extraer (un diente) | trek | [trek]
empaste (m) | vulsel | [fulsəl]
empastar (vt) | vul | [ful]
hipnosis (f) | hipnose | [hipnosə]
hipnotizar (vt) | hipnotiseer | [hipnotiseər]

51. Los médicos

médico (m)	dokter	[dokter]
enfermera (f)	verpleegster	[ferpleeχ·ster]
médico (m) personal	lyfarts	[lajf·arts]
dentista (m)	tandarts	[tand·arts]
oftalmólogo (m)	oogarts	[oeχ·arts]
internista (m)	internis	[internis]
cirujano (m)	chirurg	[ʃirurχ]
psiquiatra (m)	psigiater	[psiχiater]
pediatra (m)	kinderdokter	[kinder·dokter]
psicólogo (m)	sielkundige	[silkundiχe]
ginecólogo (m)	ginekoloog	[χinekoloeχ]
cardiólogo (m)	kardioloog	[kardioloeχ]

52. La medicina. Las drogas. Los accesorios

medicamento (m), droga (f)	medisyn	[medisajn]
remedio (m)	geneesmiddel	[χenees·middel]
prescribir (vt)	voorskryf	[foerskrajf]
receta (f)	voorskrif	[foerskrif]
tableta (f)	pil	[pil]
ungüento (m)	salf	[salf]
ampolla (f)	ampul	[ampul]
mixtura (f), mezcla (f)	mengsel	[meŋsel]
sirope (m)	stroop	[stroep]
píldora (f)	pil	[pil]
polvo (m)	poeier	[pujer]
venda (f)	verband	[ferbant]
algodón (m) (discos de ~)	watte	[vatte]
yodo (m)	iodium	[iodium]
tirita (f), curita (f)	pleister	[plæjster]
pipeta (f)	oogdrupper	[oeχ·drupper]
termómetro (m)	termometer	[termometer]
jeringa (f)	spuitnaald	[spœit·nält]
silla (f) de ruedas	rolstoel	[rol·stul]
muletas (f pl)	krukke	[krukke]
anestésico (m)	pynstiller	[pajn·stiller]
purgante (m)	lakseermiddel	[lakseer·middel]
alcohol (m)	spiritus	[spiritus]
hierba (f) medicinal	geneeskragtige kruie	[χenees·kraχtiχe krœie]
de hierbas (té ~)	kruie-	[krœie-]

EL AMBIENTE HUMANO

La ciudad

53. La ciudad. La vida en la ciudad

ciudad (f)	stad	[stat]
capital (f)	hoofstad	[hoəf·stat]
aldea (f)	dorp	[dorp]

plano (m) de la ciudad	stadskaart	[stats·kārt]
centro (m) de la ciudad	sentrum	[sentrum]
suburbio (m)	voorstad	[foərstat]
suburbano (adj)	voorstedelik	[foərstedelik]

arrabal (m)	buitewyke	[bœitəvajkə]
afueras (f pl)	omgewing	[omχeviŋ]
barrio (m)	stadswyk	[stats·wajk]
zona (f) de viviendas	woonbuurt	[voənbɪrt]

tráfico (m)	verkeer	[ferkeər]
semáforo (m)	robot	[robot]
transporte (m) urbano	openbare vervoer	[openbarə ferfur]
cruce (m)	kruispunt	[krœis·punt]

paso (m) de peatones	sebraoorgang	[sebra·oərχaŋ]
paso (m) subterráneo	voetgangertonnel	[futχaŋər·tonnəl]
cruzar (vt)	oorsteek	[oərsteək]
peatón (m)	voetganger	[futχaŋər]
acera (f)	sypaadjie	[saj·pādʒi]

puente (m)	brug	[bruχ]
muelle (m)	wal	[val]
fuente (f)	fontein	[fontæjn]

alameda (f)	laning	[laniŋ]
parque (m)	park	[park]
bulevar (m)	boulevard	[bulefar]
plaza (f)	plein	[plæjn]
avenida (f)	laan	[lān]
calle (f)	straat	[strāt]
callejón (m)	systraat	[saj·strāt]
callejón (m) sin salida	doodloopstraat	[doədloəp·strāt]

casa (f)	huis	[hœis]
edificio (m)	gebou	[χebæʋ]
rascacielos (m)	wolkekrabber	[volkə·krabbər]
fachada (f)	gewel	[χevəl]
techo (m)	dak	[dak]

Español	Afrikáans	Pronunciación
ventana (f)	venster	[fɛŋstər]
arco (m)	arkade	[arkadə]
columna (f)	kolom	[kolom]
esquina (f)	hoek	[huk]
escaparate (f)	uitstalraam	[œitstalrãm]
letrero (m) (~ luminoso)	reklamebord	[reklamə·bort]
cartel (m)	plakkaat	[plakkãt]
cartel (m) publicitario	reklameplakkaat	[reklamə·plakkãt]
valla (f) publicitaria	aanplakbord	[ãnplakbort]
basura (f)	vullis	[fullis]
cajón (m) de basura	vullisbak	[fullis·bak]
tirar basura	rommel strooi	[romməl stroj]
basurero (m)	vullishoop	[fullis·hoəp]
cabina (f) telefónica	telefoonhokkie	[telefoən·hokki]
farola (f)	lamppaal	[lamp·pãl]
banco (m) (del parque)	bank	[bank]
policía (m)	polisieman	[polisi·man]
policía (f) (~ nacional)	polisie	[polisi]
mendigo (m)	bedelaar	[bedelãr]
persona (f) sin hogar	daklose	[daklosə]

54. Las instituciones urbanas

Español	Afrikáans	Pronunciación
tienda (f)	winkel	[vinkəl]
farmacia (f)	apteek	[apteek]
óptica (f)	optisiën	[optisiɛn]
centro (m) comercial	winkelsentrum	[vinkəl·sentrum]
supermercado (m)	supermark	[supermark]
panadería (f)	bakkery	[bakkeraj]
panadero (m)	bakker	[bakkər]
pastelería (f)	banketbakkery	[banket·bakkeraj]
tienda (f) de comestibles	kruidenierswinkel	[krœidenirs·vinkəl]
carnicería (f)	slagter	[slaχtər]
verdulería (f)	groentewinkel	[χruntə·vinkəl]
mercado (m)	mark	[mark]
cafetería (f)	koffiekroeg	[koffi·kruχ]
restaurante (m)	restaurant	[restourant]
cervecería (f)	kroeg	[kruχ]
pizzería (f)	pizzeria	[pizzeria]
peluquería (f)	haarsalon	[hãr·salon]
oficina (f) de correos	poskantoor	[pos·kantoər]
tintorería (f)	droogskoonmakers	[droəχ·skoən·makers]
estudio (m) fotográfico	fotostudio	[foto·studio]
zapatería (f)	skoenwinkel	[skun·vinkəl]
librería (f)	boekhandel	[buk·handəl]

tienda (f) deportiva	sportwinkel	[sport·vinkəl]
arreglos (m pl) de ropa	klereherstelwinkel	[klerə·herstəl·vinkəl]
alquiler (m) de ropa	klereverhuurwinkel	[klerə·ferhɪr·vinkəl]
videoclub (m)	videowinkel	[video·vinkəl]

circo (m)	sirkus	[sirkus]
zoológico (m)	dieretuin	[dirə·tœin]
cine (m)	bioskoop	[bioskoəp]
museo (m)	museum	[musøəm]
biblioteca (f)	biblioteek	[biblioteek]

teatro (m)	teater	[teatər]
ópera (f)	opera	[opera]
club (m) nocturno	nagklub	[naχ·klup]
casino (m)	kasino	[kasino]

mezquita (f)	moskee	[moskeə]
sinagoga (f)	sinagoge	[sinaχoχə]
catedral (f)	katedraal	[katedrāl]
templo (m)	tempel	[tempəl]
iglesia (f)	kerk	[kerk]

instituto (m)	kollege	[kolledʒ]
universidad (f)	universiteit	[unifersitæjt]
escuela (f)	skool	[skoəl]

prefectura (f)	stadhuis	[stat·hœis]
alcaldía (f)	stadhuis	[stat·hœis]
hotel (m)	hotel	[hotəl]
banco (m)	bank	[bank]

embajada (f)	ambassade	[ambassadə]
agencia (f) de viajes	reisagentskap	[ræjs·aχentskap]
oficina (f) de información	inligtingskantoor	[inliχtiŋs·kantoər]
oficina (f) de cambio	wisselkantoor	[vissəl·kantoər]

| metro (m) | metro | [metro] |
| hospital (m) | hospitaal | [hospitāl] |

| gasolinera (f) | petrolstasie | [petrol·stasi] |
| aparcamiento (m) | parkeerterrein | [parkeər·terræjn] |

55. Los avisos

letrero (m) (~ luminoso)	reklamebord	[reklamə·bort]
cartel (m) (texto escrito)	kennisgewing	[kɛnnis·χeviŋ]
pancarta (f)	plakkaat	[plakkāt]
señal (m) de dirección	rigtingwyser	[riχtiŋ·wajsər]
flecha (f) (signo)	pyl	[pajl]

advertencia (f)	waarskuwing	[vārskuviŋ]
aviso (m)	waarskuwingsbord	[vārskuviŋs·bort]
advertir (vt)	waarsku	[vārsku]
día (m) de descanso	rusdag	[rusdaχ]

horario (m)	diensrooster	[diŋs·roəstər]
horario (m) de apertura	besigheidsure	[besiχæjts·urə]
¡BIENVENIDOS!	WELKOM!	[vɛlkom!]
ENTRADA	INGANG	[inχaŋ]
SALIDA	UITGANG	[œitχaŋ]
EMPUJAR	STOOT	[stoət]
TIRAR	TREK	[trek]
ABIERTO	OOP	[oəp]
CERRADO	GESLUIT	[χeslœit]
MUJERES	DAMES	[dames]
HOMBRES	MANS	[maŋs]
REBAJAS	AFSLAG	[afslaχ]
SALDOS	UITVERKOPING	[œitferkopiŋ]
NOVEDAD	NUUT!	[nɪt!]
GRATIS	GRATIS	[χratis]
¡ATENCIÓN!	PAS OP!	[pas op!]
COMPLETO	VOLBESPREEK	[folbespreək]
RESERVADO	BESPREEK	[bespreək]
ADMINISTRACIÓN	ADMINISTRASIE	[administrasi]
SÓLO PERSONAL AUTORIZADO	SLEGS PERSONEEL	[sleχs personeəl]
CUIDADO CON EL PERRO	PAS OP VIR DIE HOND!	[pas op fir di hont!]
PROHIBIDO FUMAR	ROOK VERBODE	[roək ferbodə]
NO TOCAR	NIE AANRAAK NIE!	[ni ānrāk ni!]
PELIGROSO	GEVAARLIK	[χefārlik]
PELIGRO	GEVAAR	[χefār]
ALTA TENSIÓN	HOOGSPANNING	[hoəχ·spanniŋ]
PROHIBIDO BAÑARSE	NIE SWEM NIE	[ni swem ni]
NO FUNCIONA	BUITE WERKING	[bœitə verkiŋ]
INFLAMABLE	ONTVLAMBAAR	[ontflambār]
PROHIBIDO	VERBODE	[ferbodə]
PROHIBIDO EL PASO	TOEGANG VERBODE!	[tuχaŋ ferbode!]
RECIÉN PINTADO	NAT VERF	[nat ferf]

56. El transporte urbano

autobús (m)	bus	[bus]
tranvía (m)	trem	[trem]
trolebús (m)	trembus	[trembus]
itinerario (m)	busroete	[bus·rutə]
número (m)	nommer	[nommər]
ir en ...	ry per ...	[raj pər ...]
tomar (~ el autobús)	inklim	[inklim]
bajar (~ del tren)	uitklim ...	[œitklim ...]

parada (f)	halte	[haltə]
próxima parada (f)	volgende halte	[folχendə haltə]
parada (f) final	eindpunt	[æjnd·punt]
horario (m)	diensrooster	[diŋs·roəstər]
esperar (aguardar)	wag	[vaχ]

| billete (m) | kaartjie | [kārki] |
| precio (m) del billete | reistarief | [ræjs·tarif] |

cajero (m)	kaartjieverkoper	[kārki·ferkopər]
control (m) de billetes	kaartjiekontrole	[kārki·kontrolə]
revisor (m)	kontroleur	[kontroløər]

llegar tarde (vi)	laat wees	[lāt veəs]
perder (~ el tren)	mis	[mis]
tener prisa	haastig wees	[hāstəχ veəs]

taxi (m)	taxi	[taksi]
taxista (m)	taxibestuurder	[taksi·bestırdər]
en taxi	per taxi	[pər taksi]
parada (f) de taxi	taxistaanplek	[taksi·stānplek]

tráfico (m)	verkeer	[ferkeər]
atasco (m)	verkeersknoop	[ferkeərs·knoəp]
horas (f pl) de punta	spitsuur	[spits·ır]
aparcar (vi)	parkeer	[parkeər]
aparcar (vt)	parkeer	[parkeər]
aparcamiento (m)	parkeerterrein	[parkeər·terræjn]

metro (m)	metro	[metro]
estación (f)	stasie	[stasi]
ir en el metro	die metro vat	[di metro fat]
tren (m)	trein	[træjn]
estación (f)	treinstasie	[træjn·stasi]

57. El turismo. La excursión

monumento (m)	monument	[monument]
fortaleza (f)	fort	[fort]
palacio (m)	paleis	[palæjs]
castillo (m)	kasteel	[kasteəl]
torre (f)	toring	[toriŋ]
mausoleo (m)	mausoleum	[mɔusoløəm]

arquitectura (f)	argitektuur	[arχitektır]
medieval (adj)	Middeleeus	[middeliʋs]
antiguo (adj)	oud	[æʋt]
nacional (adj)	nasionaal	[naʃionāl]
conocido (adj)	bekend	[bekent]

turista (m)	toeris	[turis]
guía (m) (persona)	gids	[χids]
excursión (f)	uitstappie	[œitstappi]
mostrar (vt)	wys	[vajs]

contar (una historia)	vertel	[fertəl]
encontrar (hallar)	vind	[fint]
perderse (vr)	verdwaal	[ferdwāl]
plano (m) (~ de metro)	kaart	[kārt]
mapa (m) (~ de la ciudad)	kaart	[kārt]
recuerdo (m)	aandenking	[āndenkiŋ]
tienda (f) de regalos	geskenkwinkel	[xeskɛnk·vinkəl]
hacer fotos	fotografeer	[fotoχrafeer]
fotografiarse (vr)	jou portret laat maak	[jæʊ portret lāt māk]

58. Las compras

comprar (vt)	koop	[koəp]
compra (f)	aankoop	[ānkoəp]
hacer compras	inkopies doen	[inkopis dun]
compras (f pl)	inkoop	[inkoəp]
estar abierto (tienda)	oop wees	[oəp veəs]
estar cerrado	toe wees	[tu veəs]
calzado (m)	skoeisel	[skuisəl]
ropa (f)	klere	[klerə]
cosméticos (m pl)	kosmetika	[kosmetika]
productos alimenticios	voedingsware	[fudiŋs·warə]
regalo (m)	present	[present]
vendedor (m)	verkoper	[ferkopər]
vendedora (f)	verkoopsdame	[ferkoəps·damə]
caja (f)	kassier	[kassir]
espejo (m)	spieël	[spiɛl]
mostrador (m)	toonbank	[toən·bank]
probador (m)	paskamer	[pas·kamər]
probar (un vestido)	aanpas	[ānpas]
quedar (una ropa, etc.)	pas	[pas]
gustar (vi)	hou van	[hæʊ fan]
precio (m)	prys	[prajs]
etiqueta (f) de precio	pryskaartjie	[prajs·kārki]
costar (vt)	kos	[kos]
¿Cuánto?	Hoeveel?	[hufeəl?]
descuento (m)	afslag	[afslaχ]
no costoso (adj)	billik	[billik]
barato (adj)	goedkoop	[χudkoəp]
caro (adj)	duur	[dɪr]
Es caro	dis duur	[dis dɪr]
alquiler (m)	verhuur	[ferhɪr]
alquilar (vt)	verhuur	[ferhɪr]
crédito (m)	krediet	[kredit]
a crédito (adv)	op krediet	[op kredit]

59. El dinero

dinero (m)	geld	[xɛlt]
cambio (m)	valutaruil	[faluta·rœil]
curso (m)	wisselkoers	[vissəl·kurs]
cajero (m) automático	OTM	[o·te·em]
moneda (f)	muntstuk	[muntstuk]

dólar (m)	dollar	[dollar]
euro (m)	euro	[øəro]

lira (f)	lira	[lira]
marco (m) alemán	Duitse mark	[dœitsə mark]
franco (m)	frank	[frank]
libra esterlina (f)	pond sterling	[pont sterliŋ]
yen (m)	yen	[jɛn]

deuda (f)	skuld	[skult]
deudor (m)	skuldenaar	[skuldenãr]
prestar (vt)	uitleen	[œitleən]
tomar prestado	leen	[leən]

banco (m)	bank	[bank]
cuenta (f)	rekening	[rekəniŋ]
ingresar (~ en la cuenta)	deponeer	[deponeər]
sacar de la cuenta	trek	[trek]

tarjeta (f) de crédito	kredietkaart	[kredit·kãrt]
dinero (m) en efectivo	kontant	[kontant]
cheque (m)	tjek	[tʃek]
talonario (m)	tjekboek	[tʃek·buk]

cartera (f)	beursie	[bøərsi]
monedero (m)	muntstukbeursie	[muntstuk·bøərsi]
caja (f) fuerte	brandkas	[brant·kas]

heredero (m)	erfgenaam	[ɛrfxənãm]
herencia (f)	erfenis	[ɛrfenis]
fortuna (f)	fortuin	[fortœin]

arriendo (m)	huur	[hɪr]
alquiler (m) (dinero)	huur	[hɪr]
alquilar (~ una casa)	huur	[hɪr]

precio (m)	prys	[prajs]
coste (m)	prys	[prajs]
suma (f)	som	[som]

gastar (vt)	spandeer	[spandeər]
gastos (m pl)	onkoste	[onkostə]
economizar (vi, vt)	besuinig	[besœinəx]
económico (adj)	ekonomies	[ɛkonomis]

pagar (vi, vt)	betaal	[betãl]
pago (m)	betaling	[betaliŋ]

cambio (m) (devolver el ~)	wisselgeld	[vissəl·χɛlt]
impuesto (m)	belasting	[belastiŋ]
multa (f)	boete	[butə]
multar (vt)	beboet	[bebut]

60. La oficina de correos

oficina (f) de correos	poskantoor	[pos·kantoər]
correo (m) (cartas, etc.)	pos	[pos]
cartero (m)	posbode	[pos·bodə]
horario (m) de apertura	besigheidsure	[besiχæjts·urə]
carta (f)	brief	[brif]
carta (f) certificada	geregistreerde brief	[χereχistreərdə brif]
tarjeta (f) postal	poskaart	[pos·kãrt]
telegrama (m)	telegram	[teleχram]
paquete (m) postal	pakkie	[pakki]
giro (m) postal	geldoorplasing	[χɛld·oərplasiŋ]
recibir (vt)	ontvang	[ontfaŋ]
enviar (vt)	stuur	[stɪr]
envío (m)	versending	[fersendiŋ]
dirección (f)	adres	[adres]
código (m) postal	poskode	[pos·kodə]
expedidor (m)	sender	[sendər]
destinatario (m)	ontvanger	[ontfaŋər]
nombre (m)	voornaam	[foərnãm]
apellido (m)	van	[fan]
tarifa (f)	postarief	[pos·tarif]
ordinario (adj)	standaard	[standãrt]
económico (adj)	ekonomies	[ɛkonomis]
peso (m)	gewig	[χeveχ]
pesar (~ una carta)	weeg	[veəχ]
sobre (m)	koevert	[kufert]
sello (m)	posseël	[pos·seɛl]

La vivienda. La casa. El hogar

61. La casa. La electricidad

electricidad (f)	krag, elektrisiteit	[kraχ], [elektrisitæjt]
bombilla (f)	gloeilamp	[χlui·lamp]
interruptor (m)	skakelaar	[skakəlār]
fusible (m)	sekering	[sekəriŋ]
cable, hilo (m)	kabel	[kabəl]
instalación (f) eléctrica	bedrading	[bedradiŋ]
contador (m) de luz	kragmeter	[kraχ·metər]
lectura (f) (~ del contador)	lesings	[lesiŋs]

62. La villa. La mansión

casa (f) de campo	buitewoning	[bœitə·voniŋ]
villa (f)	landhuis	[land·hœis]
ala (f)	vleuel	[fløəəl]
jardín (m)	tuin	[tœin]
parque (m)	park	[park]
invernadero (m) tropical	tropiese kweekhuis	[tropisə kweek·hœis]
cuidar (~ el jardín, etc.)	versorg	[fersorχ]
piscina (f)	swembad	[swem·bat]
gimnasio (m)	gim	[χim]
cancha (f) de tenis	tennisbaan	[tɛnnis·bān]
sala (f) de cine	huisteater	[hœis·teatər]
garaje (m)	garage	[χaraʒə]
propiedad (f) privada	privaat besit	[prifãt besit]
terreno (m) privado	privaateiendom	[prifãt·æjendom]
advertencia (f)	waarskuwing	[vārskuviŋ]
letrero (m) de aviso	waarskuwingsbord	[vārskuviŋs·bort]
seguridad (f)	sekuriteit	[sekuritæjt]
guardia (m) de seguridad	veiligheidswag	[fæjliχæjts·waχ]
alarma (f) antirrobo	diefalarm	[dif·alarm]

63. El apartamento

apartamento (m)	woonstel	[voəŋstəl]
habitación (f)	kamer	[kamər]
dormitorio (m)	slaapkamer	[slāp·kamər]

comedor (m)	eetkamer	[eət·kamər]
salón (m)	sitkamer	[sit·kamər]
despacho (m)	studeerkamer	[studeər·kamər]
antecámara (f)	ingangsportaal	[inχaŋs·portāl]
cuarto (m) de baño	badkamer	[bad·kamər]
servicio (m)	toilet	[tojlet]
techo (m)	plafon	[plafon]
suelo (m)	vloer	[flur]
rincón (m)	hoek	[huk]

64. Los muebles. El interior

muebles (m pl)	meubels	[møəbɛls]
mesa (f)	tafel	[tafel]
silla (f)	stoel	[stul]
cama (f)	bed	[bet]
sofá (m)	rusbank	[rusbank]
sillón (m)	gemakstoel	[χemak·stul]
librería (f)	boekkas	[buk·kas]
estante (m)	rak	[rak]
armario (m)	klerekas	[klerə·kas]
percha (f)	kapstok	[kapstok]
perchero (m) de pie	kapstok	[kapstok]
cómoda (f)	laaikas	[lājkas]
mesa (f) de café	koffietafel	[koffi·tafəl]
espejo (m)	spieël	[spiɛl]
tapiz (m)	mat	[mat]
alfombra (f)	matjie	[maki]
chimenea (f)	vuurherd	[fɪr·hert]
vela (f)	kers	[kers]
candelero (m)	kandelaar	[kandelār]
cortinas (f pl)	gordyne	[χordajnə]
empapelado (m)	muurpapier	[mɪr·papir]
estor (m) de láminas	blindings	[blindiŋs]
lámpara (f) de mesa	tafellamp	[tafel·lamp]
aplique (m)	muurlamp	[mɪr·lamp]
lámpara (f) de pie	staanlamp	[stān·lamp]
lámpara (f) de araña	kroonlugter	[kroən·luχtər]
pata (f) (~ de la mesa)	poot	[poət]
brazo (m)	armleuning	[arm·løəniŋ]
espaldar (m)	rugleuning	[ruχ·løəniŋ]
cajón (m)	laai	[lāi]

65. Los accesorios de cama

ropa (f) de cama	beddegoed	[beddə·χut]
almohada (f)	kussing	[kussiŋ]
funda (f)	kussingsloop	[kussiŋ·sloəp]
manta (f)	duvet	[dufet]
sábana (f)	laken	[laken]
sobrecama (f)	bedsprei	[bed·spræj]

66. La cocina

cocina (f)	kombuis	[kombœis]
gas (m)	gas	[χas]
cocina (f) de gas	gasstoof	[χas·stoəf]
cocina (f) eléctrica	elektriese stoof	[elektrisə stoəf]
horno (m)	oond	[oent]
horno (m) microondas	mikrogolfoond	[mikroχolf·oent]
frigorífico (m)	yskas	[ajs·kas]
congelador (m)	vrieskas	[friskas]
lavavajillas (m)	skottelgoedwasser	[skottɛlχud·wassər]
picadora (f) de carne	vleismeul	[flæjs·møəl]
exprimidor (m)	versapper	[fersappər]
tostador (m)	broodrooster	[broəd·roəstər]
batidora (f)	menger	[meŋər]
cafetera (f) (aparato de cocina)	koffiemasjien	[koffi·maʃin]
cafetera (f) (para servir)	koffiepot	[koffi·pot]
molinillo (m) de café	koffiemeul	[koffi·møəl]
hervidor (m) de agua	fluitketel	[flœit·ketəl]
tetera (f)	teepot	[teə·pot]
tapa (f)	deksel	[deksəl]
colador (m) de té	teesiffie	[teə·siffi]
cuchara (f)	lepel	[lepəl]
cucharilla (f)	teelepeltjie	[teə·lepəlki]
cuchara (f) de sopa	soplepel	[sop·lepəl]
tenedor (m)	vurk	[furk]
cuchillo (m)	mes	[mes]
vajilla (f)	tafelgerei	[tafel·χeræj]
plato (m)	bord	[bort]
platillo (m)	piering	[piriŋ]
vaso (m) de chupito	likeurglas	[likøər·χlas]
vaso (m) (~ de agua)	glas	[χlas]
taza (f)	koppie	[koppi]
azucarera (f)	suikerpot	[sœikər·pot]
salero (m)	soutvaatjie	[sæʊt·fāki]

pimentero (m)	pepervaatjie	[pepər·fāki]
mantequera (f)	botterbakkie	[bottər·bakki]
cacerola (f)	soppot	[sop·pot]
sartén (f)	braaipan	[brāj·pan]
cucharón (m)	opskeplepel	[opskep·lepəl]
colador (m)	vergiet	[ferχit]
bandeja (f)	skinkbord	[skink·bort]
botella (f)	bottel	[bottəl]
tarro (m) de vidrio	fles	[fles]
lata (f)	blikkie	[blikki]
abrebotellas (m)	botteloopmaker	[bottəl·oəpmakər]
abrelatas (m)	blikoopmaker	[blik·oəpmakər]
sacacorchos (m)	kurktrekker	[kurk·trɛkkər]
filtro (m)	filter	[filtər]
filtrar (vt)	filter	[filtər]
basura (f)	vullis	[fullis]
cubo (m) de basura	vullisbak	[fullis·bak]

67. El baño

cuarto (m) de baño	badkamer	[bad·kamər]
agua (f)	water	[vatər]
grifo (m)	kraan	[krān]
agua (f) caliente	warme water	[varmə vatər]
agua (f) fría	koue water	[kæʊə vatər]
pasta (f) de dientes	tandepasta	[tandə·pasta]
limpiarse los dientes	tande borsel	[tandə borsəl]
cepillo (m) de dientes	tandeborsel	[tandə·borsəl]
afeitarse (vr)	skeer	[skeər]
espuma (f) de afeitar	skeerroom	[skeər·roəm]
maquinilla (f) de afeitar	skeermes	[skeər·mes]
lavar (vt)	was	[vas]
darse un baño	bad	[bat]
ducha (f)	stort	[stort]
darse una ducha	stort	[stort]
bañera (f)	bad	[bat]
inodoro (m)	toilet	[tojlet]
lavabo (m)	wasbak	[vas·bak]
jabón (m)	seep	[seəp]
jabonera (f)	seepbakkie	[seəp·bakki]
esponja (f)	spons	[spɔŋs]
champú (m)	sjampoe	[ʃampu]
toalla (f)	handdoek	[handduk]
bata (f) de baño	badjas	[batjas]

colada (f), lavado (m)	was	[vas]
lavadora (f)	wasmasjien	[vas·maʃin]
lavar la ropa	die wasgoed was	[di vasχut vas]
detergente (m) en polvo	waspoeier	[vas·pujer]

68. Los aparatos domésticos

televisor (m)	TV-stel	[te·fe-stəl]
magnetófono (m)	bandspeler	[band·spelər]
vídeo (m)	videomasjien	[video·maʃin]
radio (m)	radio	[radio]
reproductor (m) (~ MP3)	speler	[spelər]
proyector (m) de vídeo	videoprojektor	[video·projektor]
sistema (m) home cinema	tuisfliekteater	[tœis·flik·teatər]
reproductor (m) de DVD	DVD-speler	[de·fe·de-spelər]
amplificador (m)	versterker	[fersterkər]
videoconsola (f)	videokonsole	[video·kɔŋsolə]
cámara (f) de vídeo	videokamera	[video·kamera]
cámara (f) fotográfica	kamera	[kamera]
cámara (f) digital	digitale kamera	[diχitalə kamera]
aspirador (m), aspiradora (f)	stofsuier	[stof·sœiər]
plancha (f)	strykyster	[strajk·ajstər]
tabla (f) de planchar	strykplank	[strajk·plank]
teléfono (m)	telefoon	[telefoən]
teléfono (m) móvil	selfoon	[sɛlfoən]
máquina (f) de escribir	tikmasjien	[tik·maʃin]
máquina (f) de coser	naaimasjien	[naj·maʃin]
micrófono (m)	mikrofoon	[mikrofoən]
auriculares (m pl)	koptelefoon	[kop·telefoən]
mando (m) a distancia	afstandsbeheer	[afstands·beheər]
CD (m)	CD	[se·de]
casete (m)	kasset	[kasset]
disco (m) de vinilo	plaat	[plāt]

LAS ACTIVIDADES DE LA GENTE

El trabajo. Los negocios. Unidad 1

69. La oficina. El trabajo de oficina

oficina (f)	kantoor	[kantoər]
despacho (m)	kantoor	[kantoər]
recepción (f)	ontvangs	[ontfaŋs]
secretario (m)	sekretaris	[sekretaris]
secretaria (f)	sekretaresse	[sekretarɛssə]
director (m)	direkteur	[direktøər]
manager (m)	bestuurder	[bestɪrdər]
contable (m)	boekhouer	[bukhæʋər]
colaborador (m)	werknemer	[verknemər]
muebles (m pl)	meubels	[møəbɛls]
escritorio (m)	lessenaar	[lɛssenār]
silla (f)	draaistoel	[drāj·stul]
cajonera (f)	laaikas	[lājkas]
perchero (m) de pie	kapstok	[kapstok]
ordenador (m)	rekenaar	[rekənār]
impresora (f)	drukker	[drukkər]
fax (m)	faksmasjien	[faks·maʃin]
fotocopiadora (f)	fotostaatmasjien	[fotostāt·maʃin]
papel (m)	papier	[papir]
papelería (f)	kantoorbenodigdhede	[kantoər·benodiχdhedə]
alfombrilla (f) para ratón	muismatjie	[mœis·maki]
hoja (f) de papel	blaai	[blāi]
carpeta (f)	binder	[bindər]
catálogo (m)	katalogus	[kataloχus]
directorio (m) telefónico	telefoongids	[telefoən·χids]
documentación (f)	dokumentasie	[dokumentasi]
folleto (m)	brosjure	[broʃurə]
prospecto (m)	strooibiljet	[stroj·biljet]
muestra (f)	monsterkaart	[mɔŋstər·kārt]
reunión (f) de formación	opleidingsvergadering	[oplæjdiŋs·ferχaderiŋ]
reunión (f)	vergadering	[ferχaderiŋ]
pausa (f) del almuerzo	middagpouse	[middaχ·pæʋsə]
hacer copias	aantal kopieë maak	[āntal kopiɛ māk]
llamar por teléfono	bel	[bəl]
responder (vi, vt)	antwoord	[antwoərt]
poner en comunicación	deursit	[døərsit]

fijar (~ una reunión)	reël	[reɛl]
demostrar (vt)	demonstreer	[demɔŋstreər]
estar ausente	afwesig wees	[afwesəχ veəs]
ausencia (f)	afwesigheid	[afwesiχæjt]

70. Los procesos de negocio. Unidad 1

| negocio (m), comercio (m) | besigheid | [besiχæjt] |
| ocupación (f) | beroep | [berup] |

firma (f)	firma	[firma]
compañía (f)	maatskappy	[mātskappaj]
corporación (f)	korporasie	[korporasi]
empresa (f)	onderneming	[ondərnemiŋ]
agencia (f)	agentskap	[aχentskap]

acuerdo (m)	ooreenkoms	[oəreənkoms]
contrato (m)	kontrak	[kontrak]
trato (m), acuerdo (m)	transaksie	[traŋsaksi]
pedido (m)	bestelling	[bestɛlliŋ]
condición (f) del contrato	voorwaarde	[foərwārdə]

al por mayor (adv)	groothandels-	[χroət·handəls-]
al por mayor (adj)	groothandels-	[χroət·handəls-]
venta (f) al por mayor	groothandel	[χroət·handəl]
al por menor (adj)	kleinhandels-	[klæjn·handəls-]
venta (f) al por menor	kleinhandel	[klæjn·handəl]

competidor (m)	konkurrent	[konkurrent]
competencia (f)	konkurrensie	[konkurreŋsi]
competir (vi)	kompeteer	[kompeteər]

| socio (m) | vennoot | [fɛnnoət] |
| sociedad (f) | vennootskap | [fɛnnoətskap] |

crisis (f)	krisis	[krisis]
bancarrota (f)	bankrotskap	[bankrotskap]
ir a la bancarrota	bankrot speel	[bankrot speəl]
dificultad (f)	moeilikheid	[muilikhæjt]
problema (m)	probleem	[probleəm]
catástrofe (f)	katastrofe	[katastrofə]

economía (f)	ekonomie	[ɛkonomi]
económico (adj)	ekonomiese	[ɛkonomisə]
recesión (f) económica	ekonomiese agteruitgang	[ɛkonomisə aχtər·œitχaŋ]

| meta (f) | doel | [dul] |
| objetivo (m) | opdrag | [opdraχ] |

comerciar (vi)	handel	[handəl]
red (f) (~ comercial)	netwerk	[netwerk]
existencias (f pl)	voorraad	[foərrāt]
surtido (m)	reeks	[reəks]
líder (m)	leier	[læjer]

grande (empresa ~)	groot	[xroət]
monopolio (m)	monopolie	[monopoli]
teoría (f)	teorie	[teori]
práctica (f)	praktyk	[praktajk]
experiencia (f)	ervaring	[ɛrfariŋ]
tendencia (f)	tendens	[tendɛŋs]
desarrollo (m)	ontwikkeling	[ontwikkeliŋ]

71. Los procesos de negocio. Unidad 2

rentabilidad (f)	wins	[vins]
rentable (adj)	voordelig	[foərdeləx]
delegación (f)	delegasie	[deleχasi]
salario (m)	salaris	[salaris]
corregir (un error)	korrigeer	[korriχeər]
viaje (m) de negocios	sakereis	[sakeræjs]
comisión (f)	kommissie	[kommissi]
controlar (vt)	kontroleer	[kontroleər]
conferencia (f)	konferensie	[konferɛŋsi]
licencia (f)	lisensie	[lisɛŋsi]
fiable (socio ~)	betroubaar	[betræubãr]
iniciativa (f)	inisiatief	[inisiatif]
norma (f)	norm	[norm]
circunstancia (f)	omstandigheid	[omstandiχæjt]
deber (m)	taak	[tãk]
empresa (f)	organisasie	[orχanisasi]
organización (f) (proceso)	organisasie	[orχanisasi]
organizado (adj)	georganiseer	[χeorχaniseər]
anulación (f)	kansellering	[kaŋsɛlleriŋ]
anular (vt)	kanselleer	[kaŋsɛlleər]
informe (m)	verslag	[ferslaχ]
patente (m)	patent	[patent]
patentar (vt)	patenteer	[patenteər]
planear (vt)	beplan	[beplan]
premio (m)	bonus	[bonus]
profesional (adj)	professioneel	[profɛssioneəl]
procedimiento (m)	prosedure	[prosedurə]
examinar (vt)	ondersoek	[ondərsuk]
cálculo (m)	berekening	[berekeniŋ]
reputación (f)	reputasie	[reputasi]
riesgo (m)	risiko	[risiko]
dirigir (administrar)	beheer	[beheər]
información (f)	informasie	[informasi]
propiedad (f)	eiendom	[æjendom]
unión (f)	unie	[uni]

seguro (m) de vida	lewensversekering	[levɛŋs·fersekeriŋ]
asegurar (vt)	verseker	[fersekər]
seguro (m)	versekering	[fersekeriŋ]
subasta (f)	veiling	[fæjliŋ]
notificar (informar)	laat weet	[lāt veət]
gestión (f)	beheer	[beheər]
servicio (m)	diens	[diŋs]
foro (m)	forum	[forum]
funcionar (vi)	funksioneer	[funksioneər]
etapa (f)	stadium	[stadium]
jurídico (servicios ~s)	regs-	[reχs-]
jurista (m)	regsgeleerde	[reχs·χeleərdə]

72. La producción. Los trabajos

planta (f)	fabriek	[fabrik]
fábrica (f)	fabriek	[fabrik]
taller (m)	werkplek	[vɛrkplek]
planta (f) de producción	bedryf	[bedrajf]
industria (f)	industrie	[industri]
industrial (adj)	industrieel	[industriəl]
industria (f) pesada	swaar industrie	[swār industri]
industria (f) ligera	ligte industrie	[liχtə industri]
producción (f)	produkte	[produktə]
producir (vt)	produseer	[produseər]
materias (f pl) primas	grondstowwe	[χront·stowə]
jefe (m) de brigada	voorman	[foərman]
brigada (f)	werkspan	[verks·pan]
obrero (m)	werker	[verkər]
día (m) de trabajo	werksdag	[verks·daχ]
descanso (m)	pouse	[pæusə]
reunión (f)	vergadering	[ferχaderiŋ]
discutir (vt)	bespreek	[bespreək]
plan (m)	plan	[plan]
cumplir el plan	die plan uitvoer	[di plan œitfur]
tasa (f) de producción	produksienorm	[produksi·norm]
calidad (f)	kwaliteit	[kwalitæjt]
control (m)	kontrole	[kontrolə]
control (m) de calidad	kwaliteitskontrole	[kwalitæjts·kontrolə]
seguridad (f) de trabajo	werkplekveiligheid	[verkplek·fæjliχæjt]
disciplina (f)	dissipline	[dissiplinə]
infracción (f)	oortreding	[oərtrediŋ]
violar (las reglas)	oortree	[oərtreə]
huelga (f)	staking	[stakiŋ]
huelguista (m)	staker	[stakər]

Español	Afrikáans	Pronunciación
estar en huelga	staak	[stāk]
sindicato (m)	vakbond	[fakbont]
inventar (máquina, etc.)	uitvind	[œitfint]
invención (f)	uitvinding	[œitfindiŋ]
investigación (f)	navorsing	[naforsiŋ]
mejorar (vt)	verbeter	[ferbetər]
tecnología (f)	tegnologie	[teχnoloχi]
dibujo (m) técnico	tegniese tekening	[teχnisə tekəniŋ]
cargamento (m)	vrag	[fraχ]
cargador (m)	laaier	[lājer]
cargar (camión, etc.)	laai	[lāi]
carga (f) (proceso)	laai	[lāi]
descargar (vt)	uitlaai	[œitlāi]
descarga (f)	uitlaai	[œitlāi]
transporte (m)	vervoer	[ferfur]
compañía (f) de transporte	vervoermaatskappy	[ferfur·mātskappaj]
transportar (vt)	vervoer	[ferfur]
vagón (m)	trok	[trok]
cisterna (f)	tenk	[tɛnk]
camión (m)	vragmotor	[fraχ·motor]
máquina (f) herramienta	werktuigmasjien	[verktœiχ·maʃin]
mecanismo (m)	meganisme	[meχanismə]
desperdicios (m pl)	industriële afval	[industriɛlə affal]
empaquetado (m)	verpakking	[ferpakkiŋ]
empaquetar (vt)	verpak	[ferpak]

73. El contrato. El acuerdo

Español	Afrikáans	Pronunciación
contrato (m)	kontrak	[kontrak]
acuerdo (m)	ooreenkoms	[oəreənkoms]
anexo (m)	addendum	[addendum]
firma (f) (nombre)	handtekening	[hand·tekəniŋ]
firmar (vt)	onderteken	[ondərtekən]
sello (m)	stempel	[stempəl]
objeto (m) del acuerdo	onderwerp van ooreenkoms	[ondərwerp fan oəreənkoms]
cláusula (f)	klousule	[klæusulə]
partes (f pl)	partye	[partajə]
domicilio (m) legal	wetlike adres	[vetlikə adres]
violar el contrato	die kontrak verbreek	[di kontrak ferbreək]
obligación (f)	verpligting	[ferpliχtiŋ]
responsabilidad (f)	verantwoordelikheid	[ferant·voərdelikhæjt]
fuerza mayor (f)	oormag	[oərmaχ]
disputa (f)	geskil	[χeskil]
penalidades (f pl)	boete	[butə]

74. Importación y exportación

importación (f)	invoer	[infur]
importador (m)	invoerder	[infurdər]
importar (vt)	invoer	[infur]
de importación (adj)	invoer-	[infur-]
exportación (f)	uitvoer	[œitfur]
exportador (m)	uitvoerder	[œitfurdər]
exportar (vt)	uitvoer	[œitfur]
de exportación (adj)	uitvoer-	[œitfur-]
mercancía (f)	goedere	[χudərə]
lote (m) de mercancías	besending	[besendiŋ]
peso (m)	gewig	[χevəχ]
volumen (m)	volume	[folumə]
metro (m) cúbico	kubieke meter	[kubikə metər]
productor (m)	produsent	[produsent]
compañía (f) de transporte	vervoermaatskappy	[ferfur·mātskappaj]
contenedor (m)	houer	[hæʋər]
frontera (f)	grens	[χrɛŋs]
aduana (f)	doeane	[duanə]
derechos (m pl) arancelarios	doeanereg	[duanə·reχ]
aduanero (m)	doeanebeampte	[duanə·beamptə]
contrabandismo (m)	smokkel	[smokkəl]
contrabando (m)	smokkelgoed	[smokkəl·χut]

75. Las finanzas

acción (f)	aandeel	[āndeəl]
bono (m), obligación (f)	obligasie	[obliχasi]
letra (f) de cambio	promesse	[promɛssə]
bolsa (f)	beurs	[bøərs]
cotización (f) de valores	aandeelkoers	[āndeəl·kurs]
abaratarse (vr)	daal	[dāl]
encarecerse (vr)	styg	[stajχ]
parte (f)	aandeel	[āndeəl]
interés (m) mayoritario	meerderheidsbelang	[meərderhæjts·belaŋ]
inversiones (f pl)	belegging	[beleχχiŋ]
invertir (vi, vt)	belê	[belɛ:]
porcentaje (m)	persent	[persent]
interés (m)	rente	[rentə]
beneficio (m)	wins	[vins]
beneficioso (adj)	voordelig	[foərdeləχ]
impuesto (m)	belasting	[belastiŋ]

divisa (f)	valuta	[faluta]
nacional (adj)	nasionaal	[naʃionãl]
cambio (m)	wissel	[vissəl]
contable (m)	boekhouer	[bukhæʊər]
contaduría (f)	boekhouding	[bukhæʊdiŋ]
bancarrota (f)	bankrotskap	[bankrotskap]
quiebra (f)	ineenstorting	[ineɛŋstortiŋ]
ruina (f)	bankrotskap	[bankrotskap]
arruinarse (vr)	geruïneer wees	[χeruïneər veəs]
inflación (f)	inflasie	[inflasi]
devaluación (f)	devaluasie	[defaluasi]
capital (m)	kapitaal	[kapitãl]
ingresos (m pl)	inkomste	[inkomstə]
volumen (m) de negocio	omset	[omset]
recursos (m pl)	hulpbronne	[hulpbronnə]
recursos (m pl) monetarios	monetêre hulpbronne	[monetærə hulpbronnə]
gastos (m pl) accesorios	oorhoofse koste	[oərhoəfsə kostə]
reducir (vt)	verminder	[fermindər]

76. La mercadotecnia

mercadotecnia (f)	bemarking	[bemarkiŋ]
mercado (m)	mark	[mark]
segmento (m) del mercado	marksegment	[mark·seχment]
producto (m)	produk	[produk]
mercancía (f)	goedere	[χuderə]
marca (f)	merk	[merk]
marca (f) comercial	handelsmerk	[handəls·merk]
logotipo (m)	logo	[loχo]
logo (m)	logo	[loχo]
demanda (f)	vraag	[frãχ]
oferta (f)	aanbod	[ãnbot]
necesidad (f)	behoefte	[behuftə]
consumidor (m)	verbruiker	[ferbrœikər]
análisis (m)	analise	[analisə]
analizar (vt)	analiseer	[analiseər]
posicionamiento (m)	plasing	[plasiŋ]
posicionar (vt)	plaas	[plãs]
precio (m)	prys	[prajs]
política (f) de precios	prysbeleid	[prajs·belæjt]
formación (f) de precios	prysvorming	[prajs·formiŋ]

77. La publicidad

publicidad (f)	reklame	[reklamə]
publicitar (vt)	adverteer	[adferteər]

presupuesto (m)	begroting	[bexrotiŋ]
anuncio (m) publicitario	advertensie	[adfertɛŋsi]
publicidad (f) televisiva	TV-advertensie	[te·fe-adfertɛŋsi]
publicidad (f) radiofónica	radioreklame	[radio·reklamə]
publicidad (f) exterior	buitereklame	[bœitə·reklamə]
medios (m pl) de comunicación de masas	massamedia	[massa·media]
periódico (m)	tydskrif	[tajdskrif]
imagen (f)	imago	[imaxo]
consigna (f)	slagspreuk	[slax·sprøək]
divisa (f)	motto	[motto]
campaña (f)	veldtog	[fɛldtox]
campaña (f) publicitaria	reklameveldtog	[reklamə·fɛldtox]
auditorio (m) objetivo	doelgroep	[dul·xrup]
tarjeta (f) de visita	besigheidskaartjie	[besixæjts·kārki]
prospecto (m)	strooibiljet	[stroj·biljet]
folleto (m)	brosjure	[broʃurə]
panfleto (m)	pamflet	[pamflet]
boletín (m)	nuusbrief	[nɪsbrif]
letrero (m) (~ luminoso)	reklamebord	[reklamə·bort]
pancarta (f)	plakkaat	[plakkāt]
valla (f) publicitaria	aanplakbord	[ānplakbort]

78. La banca

banco (m)	bank	[bank]
sucursal (f)	tak	[tak]
consultor (m)	bankklerk	[bank·klerk]
gerente (m)	bestuurder	[bestɪrdər]
cuenta (f)	bankrekening	[bank·rekəniŋ]
numero (m) de la cuenta	rekeningnommer	[rekəniŋ·nommər]
cuenta (f) corriente	tjekrekening	[tʃek·rekəniŋ]
cuenta (f) de ahorros	spaarrekening	[spār·rekəniŋ]
cerrar la cuenta	die rekening sluit	[di rekəniŋ slœit]
sacar de la cuenta	trek	[trek]
depósito (m)	deposito	[deposito]
giro (m) bancario	telegrafiese oorplasing	[telexrafisə oərplasiŋ]
hacer un giro	oorplaas	[oərplās]
suma (f)	som	[som]
¿Cuánto?	Hoeveel?	[hufeəl?]
firma (f) (nombre)	handtekening	[hand·tekəniŋ]
firmar (vt)	onderteken	[ondərtekən]
tarjeta (f) de crédito	kredietkaart	[kredit·kārt]

código (m)	kode	[kodə]
número (m) de tarjeta de crédito	kredietkaartnommer	[kredit·kārt·nommər]
cajero (m) automático	OTM	[o·te·em]
cheque (m)	tjek	[tʃek]
talonario (m)	tjekboek	[tʃek·buk]
crédito (m)	lening	[leniŋ]
garantía (f)	waarborg	[vārborχ]

79. El teléfono. Las conversaciones telefónicas

teléfono (m)	telefoon	[telefoən]
teléfono (m) móvil	selfoon	[sɛlfoən]
contestador (m)	antwoordmasjien	[antwoərt·maʃin]
llamar, telefonear	bel	[bəl]
llamada (f)	oproep	[oprup]
¿Sí?, ¿Dígame?	Hallo!	[hallo!]
preguntar (vt)	vra	[fra]
responder (vi, vt)	antwoord	[antwoərt]
oír (vt)	hoor	[hoər]
bien (adv)	goed	[χut]
mal (adv)	nie goed nie	[ni χut ni]
ruidos (m pl)	steurings	[støəriŋs]
auricular (m)	gehoorstuk	[χehoərstuk]
descolgar (el teléfono)	optel	[optəl]
colgar el auricular	afskakel	[afskakəl]
ocupado (adj)	besig	[besəχ]
sonar (teléfono)	lui	[lœi]
guía (f) de teléfonos	telefoongids	[telefoən·χids]
local (adj)	lokale	[lokalə]
llamada (f) local	lokale oproep	[lokalə oprup]
de larga distancia	langafstand	[lanχ·afstant]
llamada (f) de larga distancia	langafstand oproep	[lanχ·afstant oprup]
internacional (adj)	internasionale	[internaʃionalə]
llamada (f) internacional	internasionale oproep	[internaʃionalə oprup]

80. El teléfono celular

teléfono (m) móvil	selfoon	[sɛlfoən]
pantalla (f)	skerm	[skerm]
botón (m)	knoppie	[knoppi]
tarjeta SIM (f)	SIMkaart	[sim·kārt]
pila (f)	battery	[battəraj]
descargarse (vr)	pap wees	[pap veəs]

cargador (m)	batterylaaier	[batterəj·lajer]
menú (m)	spyskaart	[spajs·kãrt]
preferencias (f pl)	instellings	[instɛlliŋs]
melodía (f)	wysie	[vajsi]
seleccionar (vt)	kies	[kis]

calculadora (f)	sakrekenaar	[sakrekənãr]
contestador (m)	stempos	[stem·pos]
despertador (m)	wekker	[vɛkkər]
contactos (m pl)	kontakte	[kontaktə]

| mensaje (m) de texto | SMS | [es·em·es] |
| abonado (m) | intekenaar | [intekənãr] |

81. Los artículos de escritorio. La papelería

| bolígrafo (m) | bolpen | [bol·pen] |
| pluma (f) estilográfica | vulpen | [ful·pen] |

lápiz (m)	potlood	[potloət]
marcador (m)	merkpen	[merk·pen]
rotulador (m)	viltpen	[filt·pen]

| bloc (m) de notas | notaboekie | [nota·buki] |
| agenda (f) | dagboek | [daχ·buk] |

regla (f)	liniaal	[liniãl]
calculadora (f)	sakrekenaar	[sakrekənãr]
goma (f) de borrar	uitveër	[œitfeɛr]
chincheta (f)	duimspyker	[dœim·spajkər]
clip (m)	skuifspeld	[skœif·spɛlt]

cola (f), pegamento (m)	gom	[χom]
grapadora (f)	krammasjien	[kram·maʃin]
perforador (m)	ponsmasjien	[pɔŋs·maʃin]
sacapuntas (m)	skerpmaker	[skerp·makər]

82. Tipos de negocios

contabilidad (f)	boekhoudienste	[bukhæu·diŋstə]
publicidad (f)	reklame	[reklamə]
agencia (f) de publicidad	reklameburo	[reklamə·buro]
climatizadores (m pl)	lugversorger	[luχfersorχər]
compañía (f) aérea	lugredery	[luχrederaj]

bebidas (f pl) alcohólicas	alkoholiese dranke	[alkoholisə drankə]
antigüedad (f)	antiek	[antik]
galería (f) de arte	kunsgalery	[kuns·χaleraj]
servicios (m pl) de auditoría	ouditeursdienste	[æuditœrs·diŋstə]

| negocio (m) bancario | bankwese | [bankwesə] |
| bar (m) | kroeg | [kruχ] |

salón (m) de belleza	skoonheidssalon	[skoənhæjts·salon]
librería (f)	boekhandel	[buk·handəl]
fábrica (f) de cerveza	brouery	[bræueraj]
centro (m) de negocios	sakesentrum	[sakə·sentrum]
escuela (f) de negocios	besigheidsskool	[besiχæjts·skoəl]

casino (m)	kasino	[kasino]
construcción (f)	boubedryf	[bæubedrajf]
consultoría (f)	advieskantoor	[adfis·kantoər]

estomatología (f)	tandekliniek	[tandə·klinik]
diseño (m)	ontwerp	[ontwerp]
farmacia (f)	apteek	[apteək]
tintorería (f)	droogskoonmakers	[droəχ·skoən·makers]
agencia (f) de empleo	arbeidsburo	[arbæjds·buro]

servicios (m pl) financieros	finansiële dienste	[finaŋsiɛlə diŋstə]
productos alimenticios	voedingsware	[fudiŋs·warə]
funeraria (f)	begrafnisonderneming	[beχrafnis·ondərnemiŋ]
muebles (m pl)	meubels	[møəbɛls]
ropa (f)	klerasie	[klerasi]
hotel (m)	hotel	[hotəl]

helado (m)	roomys	[roəm·ajs]
industria (f)	industrie	[industri]
seguro (m)	versekering	[fersekeriŋ]
internet (m), red (f)	internet	[internet]
inversiones (f pl)	investerings	[infesteriŋs]

joyero (m)	juwelier	[juvelir]
joyería (f)	juweliersware	[juvelirs·warə]
lavandería (f)	wassery	[vasseraj]
asesoría (f) jurídica	regsadviseur	[reχs·adfisøər]
industria (f) ligera	ligte industrie	[liχtə industri]

revista (f)	tydskrif	[tajdskrif]
venta (f) por catálogo	posorderbedryf	[pos·ordər·bedrajf]
medicina (f)	geneesmiddels	[χeneəs·middəls]
cine (m) (iremos al ~)	bioskoop	[bioskoəp]
museo (m)	museum	[musøəm]

agencia (f) de información	nuusagentskap	[nɪs·aχentskap]
periódico (m)	koerant	[kurant]
club (m) nocturno	nagklub	[naχ·klup]

petróleo (m)	olie	[oli]
servicio (m) de entrega	koerierdienste	[kurir·diŋstə]
industria (f) farmacéutica	farmasie	[farmasi]
poligrafía (f)	drukkery	[drukkəraj]
editorial (f)	uitgewery	[œitχeveraj]

radio (f)	radio	[radio]
inmueble (m)	eiendom	[æjendom]
restaurante (m)	restaurant	[restourant]
agencia (f) de seguridad	sekuriteitsfirma	[sekuritæjts·firma]
deporte (m)	sport	[sport]

bolsa (f) de comercio	beurs	[bøərs]
tienda (f)	winkel	[vinkəl]
supermercado (m)	supermark	[supermark]
piscina (f)	swembad	[swem·bat]

taller (m)	kleremaker	[klerə·makər]
televisión (f)	televisie	[telefisi]
teatro (m)	teater	[teatər]
comercio (m)	handel	[handəl]
servicios de transporte	vervoer	[ferfur]
turismo (m)	reisbedryf	[ræjs·bedrajf]

veterinario (m)	veearts	[feə·arts]
almacén (m)	pakhuis	[pak·hœis]
recojo (m) de basura	afvalinsameling	[affal·insameliŋ]

El trabajo. Los negocios. Unidad 2

83. La exhibición. La feria comercial

exposición, feria (f)	skou	[skæʊ]
feria (f) comercial	handelsskou	[handəls·skæʊ]
participación (f)	deelneming	[deəlnemiŋ]
participar (vi)	deelneem	[deəlneəm]
participante (m)	deelnemer	[deəlnemər]
director (m)	bestuurder	[bestɪrdər]
dirección (f)	organisasiekantoor	[orχanisasi·kantoər]
organizador (m)	organiseerder	[orχaniseərdər]
organizar (vt)	organiseer	[orχaniseer]
solicitud (f) de participación	deelnemingsvorm	[deəlnemiŋs·form]
rellenar (vt)	invul	[inful]
detalles (m pl)	besonderhede	[besondərhedə]
información (f)	informasie	[informasi]
precio (m)	prys	[prajs]
incluso	insluitend	[inslœitent]
incluir (vt)	insluit	[inslœit]
pagar (vi, vt)	betaal	[betāl]
cuota (f) de registro	registrasiefooi	[reχistrasi·foj]
entrada (f)	ingang	[inχaŋ]
pabellón (m)	paviljoen	[pafiljun]
registrar (vt)	registreer	[reχistreər]
tarjeta (f) de identificación	lapelkaart	[lapəl·kārt]
stand (m) de feria	stalletjie	[stalləki]
reservar (vt)	bespreek	[bespreək]
vitrina (f)	uistalkas	[œistalkas]
lámpara (f)	kollig	[kolləχ]
diseño (m)	ontwerp	[ontwerp]
poner (colocar)	sit	[sit]
situarse (vr)	geplaas wees	[χeplās veəs]
distribuidor (m)	verdeler	[ferdelər]
proveedor (m)	verskaffer	[ferskaffər]
suministrar (vt)	verskaf	[ferskaf]
país (m)	land	[lant]
extranjero (adj)	buitelands	[bœitəlands]
producto (m)	produk	[produk]
asociación (f)	vereniging	[ferenəχiŋ]
sala (f) de conferencias	konferensiesaal	[konferɛŋsi·sāl]

| congreso (m) | kongres | [konχres] |
| concurso (m) | wedstryd | [vedstrajt] |

visitante (m)	besoeker	[besukər]
visitar (vt)	besoek	[besuk]
cliente (m)	kliënt	[kliɛnt]

84. La ciencia. La investigación. Los científicos

ciencia (f)	wetenskap	[vetɛŋskap]
científico (adj)	wetenskaplik	[vetɛŋskaplik]
científico (m)	wetenskaplike	[vetɛŋskaplikə]
teoría (f)	teorie	[teori]

axioma (m)	aksioma	[aksioma]
análisis (m)	analise	[analisə]
analizar (vt)	analiseer	[analiseər]
argumento (m)	argument	[arχument]
sustancia (f) (materia)	substansie	[substaŋsi]

hipótesis (f)	hipotese	[hipotesə]
dilema (m)	dilemma	[dilɛmma]
tesis (f) de grado	proefskrif	[prufskrif]
dogma (m)	dogma	[doχma]

doctrina (f)	doktrine	[doktrinə]
investigación (f)	navorsing	[naforsiŋ]
investigar (vt)	navors	[nafors]
prueba (f)	toetse	[tutsə]
laboratorio (m)	laboratorium	[laboratorium]

método (m)	metode	[metodə]
molécula (f)	molekule	[molekulə]
seguimiento (m)	monitering	[moniteriŋ]
descubrimiento (m)	ontdekking	[ontdɛkkiŋ]

postulado (m)	postulaat	[postulāt]
principio (m)	beginsel	[beχinsəl]
pronóstico (m)	voorspelling	[foərspɛlliŋ]
pronosticar (vt)	voorspel	[foərspəl]

síntesis (f)	sintese	[sintesə]
tendencia (f)	tendens	[tendɛŋs]
teorema (m)	stelling	[stɛlliŋ]

enseñanzas (f pl)	leer	[leər]
hecho (m)	feit	[fæjt]
expedición (f)	ekspedisie	[ɛkspedisi]
experimento (m)	eksperiment	[ɛksperiment]

académico (m)	akademikus	[akademikus]
bachiller (m)	baccalaureus	[bakalourøəs]
doctorado (m)	doktor	[doktor]
docente (m)	medeprofessor	[medə-profɛssor]

| Master (m) (~ en Letras) | **Magister** | [maχistər] |
| profesor (m) | **professor** | [profɛssor] |

Las profesiones y los oficios

85. La búsqueda de trabajo. El despido

trabajo (m)	baantjie	[bānki]
empleados (pl)	personeel	[personeəl]
personal (m)	personeel	[personeəl]
carrera (f)	loopbaan	[loəpbān]
perspectiva (f)	vooruitsigte	[foərœit·siχtə]
maestría (f)	meesterskap	[meəsterskap]
selección (f)	seleksie	[seleksi]
agencia (f) de empleo	arbeidsburo	[arbæjds·buro]
curriculum vitae (m)	curriculum vitae	[kurrikulum fitaə]
entrevista (f)	werksonderhoud	[werk·ondərhæʊt]
vacancia (f)	vakature	[fakaturə]
salario (m)	salaris	[salaris]
salario (m) fijo	vaste salaris	[fastə salaris]
remuneración (f)	loon	[loən]
puesto (m) (trabajo)	posisie	[posisi]
deber (m)	taak	[tāk]
gama (f) de deberes	reeks opdragte	[reəks opdraχtə]
ocupado (adj)	besig	[besəχ]
despedir (vt)	afdank	[afdank]
despido (m)	afdanking	[afdankiŋ]
desempleo (m)	werkloosheid	[verkloəshæjt]
desempleado (m)	werkloos	[verkloəs]
jubilación (f)	pensioen	[pɛnsiun]
jubilarse	met pensioen gaan	[met pɛnsiun χān]

86. Los negociantes

director (m)	direkteur	[direktøər]
gerente (m)	bestuurder	[bestɪrdər]
jefe (m)	baas	[bās]
superior (m)	hoof	[hoəf]
superiores (m pl)	hoofde	[hoəfdə]
presidente (m)	direkteur	[direktøər]
presidente (m) (de compañía)	voorsitter	[foərsittər]
adjunto (m)	adjunk	[adjunk]
asistente (m)	assistent	[assistent]

secretario, -a (m, f)	sekretaris	[sekretaris]
secretario (m) particular	persoonlike assistent	[persoənlikə assistent]
hombre (m) de negocios	sakeman	[sakəman]
emprendedor (m)	entrepreneur	[ɛntrəprenøər]
fundador (m)	stigter	[stiχtər]
fundar (vt)	stig	[stiχ]
institutor (m)	stigter	[stiχtər]
socio (m)	vennoot	[fɛnnoət]
accionista (m)	aandeelhouer	[āndeəl·hæʋər]
millonario (m)	miljoenêr	[miljunær]
multimillonario (m)	miljardêr	[miljardær]
propietario (m)	eienaar	[æjenār]
terrateniente (m)	grondeienaar	[χront·æjenār]
cliente (m)	kliënt	[kliɛnt]
cliente (m) habitual	vaste kliënt	[fastə kliɛnt]
comprador (m)	koper	[kopər]
visitante (m)	besoeker	[besukər]
profesional (m)	professioneel	[profɛssioneəl]
experto (m)	kenner	[kɛnnər]
especialista (m)	spesialis	[spesialis]
banquero (m)	bankier	[bankir]
broker (m)	makelaar	[makəlār]
cajero (m)	kassier	[kassir]
contable (m)	boekhouer	[bukhæʋər]
guardia (m) de seguridad	veiligheidswag	[fæjliχæjts·waχ]
inversionista (m)	belegger	[beleχər]
deudor (m)	skuldenaar	[skuldenār]
acreedor (m)	krediteur	[kreditøər]
prestatario (m)	lener	[lenər]
importador (m)	invoerder	[infurdər]
exportador (m)	uitvoerder	[œitfurdər]
productor (m)	produsent	[produsent]
distribuidor (m)	verdeler	[ferdelər]
intermediario (m)	tussenpersoon	[tussən·persoən]
asesor (m) (~ fiscal)	raadgewer	[rāt·χevər]
representante (m)	verkoopsagent	[ferkoəps·aχent]
agente (m)	agent	[aχent]
agente (m) de seguros	versekeringsagent	[fersəkeriŋs·aχent]

87. Los trabajos de servicio

cocinero (m)	kok	[kok]
jefe (m) de cocina	sjef	[ʃef]

panadero (m)	bakker	[bakkər]
barman (m)	kroegman	[kruχman]
camarero (m)	kelner	[kɛlnər]
camarera (f)	kelnerin	[kɛlnərin]
abogado (m)	advokaat	[adfokāt]
jurista (m)	prokureur	[prokurøər]
notario (m)	notaris	[notaris]
electricista (m)	elektrisiën	[ɛlektrisiɛn]
fontanero (m)	loodgieter	[loədχitər]
carpintero (m)	timmerman	[timmerman]
masajista (m)	masseerder	[masseerdər]
masajista (f)	masseerster	[masseerstər]
médico (m)	dokter	[doktər]
taxista (m)	taxibestuurder	[taksi·bestɪrdər]
chofer (m)	bestuurder	[bestɪrdər]
repartidor (m)	koerier	[kurir]
camarera (f)	kamermeisie	[kamər·mæjsi]
guardia (m) de seguridad	veiligheidswag	[fæjliχæjts·waχ]
azafata (f)	lugwaardin	[luχ·wārdin]
profesor (m) (~ de baile, etc.)	onderwyser	[ondərwajsər]
bibliotecario (m)	bibliotekaris	[bibliotekaris]
traductor (m)	vertaler	[fertalər]
intérprete (m)	tolk	[tolk]
guía (m)	gids	[χids]
peluquero (m)	haarkapper	[hār·kappər]
cartero (m)	posbode	[pos·bodə]
vendedor (m)	verkoper	[ferkopər]
jardinero (m)	tuinman	[tœin·man]
servidor (m)	bediende	[bedində]
criada (f)	bediende	[bedində]
mujer (f) de la limpieza	skoonmaakster	[skoən·mākstər]

88. La profesión militar y los rangos

soldado (m) raso	soldaat	[soldāt]
sargento (m)	sersant	[sersant]
teniente (m)	luitenant	[lœitənant]
capitán (m)	kaptein	[kaptæjn]
mayor (m)	majoor	[majoər]
coronel (m)	kolonel	[kolonəl]
general (m)	generaal	[χenerāl]
mariscal (m)	maarskalk	[mārskalk]
almirante (m)	admiraal	[admirāl]
militar (m)	leër	[leɛr]
soldado (m)	soldaat	[soldāt]

oficial (m)	offisier	[offisir]
comandante (m)	kommandant	[kommandant]
guardafronteras (m)	grenswag	[xrɛŋs·waҳ]
radio-operador (m)	radio-operateur	[radio-operatøər]
explorador (m)	verkenner	[ferkɛnnər]
zapador (m)	sappeur	[sappøər]
tirador (m)	skutter	[skuttər]
navegador (m)	navigator	[nafiҳator]

89. Los oficiales. Los sacerdotes

rey (m)	koning	[koniŋ]
reina (f)	koningin	[koniŋin]
príncipe (m)	prins	[prins]
princesa (f)	prinses	[prinsəs]
zar (m)	tsaar	[tsãr]
zarina (f)	tsarina	[tsarina]
presidente (m)	president	[president]
ministro (m)	minister	[ministər]
primer ministro (m)	eerste minister	[eərstə ministər]
senador (m)	senator	[senator]
diplomático (m)	diplomaat	[diplomãt]
cónsul (m)	konsul	[kɔŋsul]
embajador (m)	ambassadeur	[ambassadøər]
consejero (m)	adviseur	[adfisøər]
funcionario (m)	amptenaar	[amptənar]
prefecto (m)	prefek	[prefek]
alcalde (m)	burgermeester	[burgər·meəstər]
juez (m)	regter	[reҳtər]
fiscal (m)	aanklaer	[ãnklaər]
misionero (m)	sendeling	[sendəliŋ]
monje (m)	monnik	[monnik]
abad (m)	ab	[ap]
rabino (m)	rabbi	[rabbi]
visir (m)	visier	[fisir]
sha (m)	sjah	[ʃah]
jeque (m)	sjeik	[ʃæjk]

90. Las profesiones agrícolas

apicultor (m)	byeboer	[bajebur]
pastor (m)	herder	[herdər]
agrónomo (m)	landboukundige	[landbæʉ·kundiҳə]

ganadero (m)	veeteler	[feə·telər]
veterinario (m)	veearts	[feə·arts]

granjero (m)	boer	[bur]
vinicultor (m)	wynmaker	[vajn·makər]
zoólogo (m)	dierkundige	[dir·kundiχə]
vaquero (m)	cowboy	[kovboj]

91. Las profesiones artísticas

actor (m)	akteur	[aktøər]
actriz (f)	aktrise	[aktrisə]

cantante (m)	sanger	[saŋər]
cantante (f)	sangeres	[saŋəres]

bailarín (m)	danser	[daŋsər]
bailarina (f)	danseres	[daŋsəres]

artista (m)	verhoogkunstenaar	[ferhoəχ·kunstənār]
artista (f)	verhoogkunstenares	[ferhoəχ·kunstənares]

músico (m)	musikant	[musikant]
pianista (m)	pianis	[pianis]
guitarrista (m)	kitaarspeler	[kitār·spelər]

director (m) de orquesta	dirigent	[diriχent]
compositor (m)	komponis	[komponis]
empresario (m)	impresario	[impresario]

director (m) de cine	filmregisseur	[film·reχissøər]
productor (m)	produsent	[produsent]
guionista (m)	draaiboekskrywer	[drājbuk·skrajvər]
crítico (m)	kritikus	[kritikus]

escritor (m)	skrywer	[skrajvər]
poeta (m)	digter	[diχtər]
escultor (m)	beeldhouer	[beəldhæυər]
pintor (m)	kunstenaar	[kunstənār]

malabarista (m)	jongleur	[jonχløər]
payaso (m)	hanswors	[haŋswors]
acróbata (m)	akrobaat	[akrobāt]
ilusionista (m)	goëlaar	[χoɛlār]

92. Profesiones diversas

médico (m)	dokter	[doktər]
enfermera (f)	verpleegster	[ferpleəχ·stər]
psiquiatra (m)	psigiater	[psiχiatər]
dentista (m)	tandarts	[tand·arts]
cirujano (m)	chirurg	[ʃirurχ]

astronauta (m)	astronout	[astronæʊt]
astrónomo (m)	astronoom	[astronoəm]
piloto (m)	piloot	[piloət]
conductor (m) (chófer)	bestuurder	[bestɪrdər]
maquinista (m)	treindrywer	[træjn·drajvər]
mecánico (m)	werktuigkundige	[verktœiχ·kundiχə]
minero (m)	mynwerker	[majn·werkər]
obrero (m)	werker	[verkər]
cerrajero (m)	slotmaker	[slot·makər]
carpintero (m)	skrynwerker	[skrajn·werkər]
tornero (m)	draaibankwerker	[drājbank·werkər]
albañil (m)	bouwerker	[bæʊ·verkər]
soldador (m)	sweiser	[swæjsər]
profesor (m) (título)	professor	[profɛssor]
arquitecto (m)	argitek	[arχitek]
historiador (m)	historikus	[historikus]
científico (m)	wetenskaplike	[vetɛŋskaplikə]
físico (m)	fisikus	[fisikus]
químico (m)	skeikundige	[skæjkundiχə]
arqueólogo (m)	argeoloog	[arχeoloəχ]
geólogo (m)	geoloog	[χeoloəχ]
investigador (m)	navorser	[naforsər]
niñera (f)	babasitter	[babasittər]
pedagogo (m)	onderwyser	[ondərwajsər]
redactor (m)	redakteur	[redaktøər]
redactor jefe (m)	hoofredakteur	[hoəf·redaktøər]
corresponsal (m)	korrespondent	[korrespondɛnt]
mecanógrafa (f)	tikster	[tikstər]
diseñador (m)	ontwerper	[ontwerpər]
especialista (m) en ordenadores	rekenaarkenner	[rekənār·kɛnnər]
programador (m)	programmeur	[proχrammøər]
ingeniero (m)	ingenieur	[inχeniøər]
marino (m)	matroos	[matroəs]
marinero (m)	seeman	[seəman]
socorrista (m)	redder	[rɛddər]
bombero (m)	brandweerman	[brantveər·man]
policía (m)	polisieman	[polisi·man]
vigilante (m) nocturno	bewaker	[bevakər]
detective (m)	speurder	[spøərdər]
aduanero (m)	doeanebeampte	[duanə·beamptə]
guardaespaldas (m)	lyfwag	[lajf·waχ]
guardia (m) de prisiones	tronkbewaarder	[tronk·bevārdər]
inspector (m)	inspekteur	[inspektøər]
deportista (m)	sportman	[sportman]
entrenador (m)	breier	[bræjer]

carnicero (m)	slagter	[slaχtər]
zapatero (m)	skoenmaker	[skun·makər]
comerciante (m)	handelaar	[handəlār]
cargador (m)	laaier	[lājer]
diseñador (m) de modas	modeontwerper	[modə·ontwerpər]
modelo (f)	model	[modəl]

93. Los trabajos. El estatus social

escolar (m)	skoolseun	[skoəl·søən]
estudiante (m)	student	[student]
filósofo (m)	filosoof	[filosoef]
economista (m)	ekonoom	[ɛkonoəm]
inventor (m)	uitvinder	[œitfindər]
desempleado (m)	werkloos	[verkloəs]
jubilado (m)	pensioentrekker	[pɛnsiun·trɛkkər]
espía (m)	spioen	[spiun]
prisionero (m)	gevangene	[χefaŋənə]
huelguista (m)	staker	[stakər]
burócrata (m)	burokraat	[burokrāt]
viajero (m)	reisiger	[ræjsiχər]
homosexual (m)	gay	[χaaj]
hacker (m)	kuberkraker	[kubər·krakər]
hippie (m)	hippie	[hippi]
bandido (m)	bandiet	[bandit]
sicario (m)	huurmoordenaar	[hɪr·moərdenār]
drogadicto (m)	dwelmslaaf	[dwɛlm·slāf]
narcotraficante (m)	dwelmhandelaar	[dwɛlm·handəlār]
prostituta (f)	prostituut	[prostitɪt]
chulo (m), proxeneta (m)	pooier	[pojer]
brujo (m)	towenaar	[tovenār]
bruja (f)	heks	[heks]
pirata (m)	piraat, seerower	[pirāt], [seə·rovər]
esclavo (m)	slaaf	[slāf]
samurai (m)	samoerai	[samuraj]
salvaje (m)	wilde	[vildə]

La educación

94. La escuela

escuela (f)	**skool**	[skoəl]
director (m) de escuela	**prinsipaal**	[prinsipāl]
alumno (m)	**leerder**	[leərdər]
alumna (f)	**leerder**	[leərdər]
escolar (m)	**skoolseun**	[skoəl·søən]
escolar (f)	**skooldogter**	[skoəl·doχtər]
enseñar (vt)	**leer**	[leər]
aprender (ingles, etc.)	**leer**	[leər]
aprender de memoria	**van buite leer**	[fan bœitə leər]
aprender (a leer, etc.)	**leer**	[leər]
estar en la escuela	**op skool wees**	[op skoəl veəs]
ir a la escuela	**skooltoe gaan**	[skoəltu χān]
alfabeto (m)	**alfabet**	[alfabet]
materia (f)	**vak**	[fak]
aula (f)	**klaskamer**	[klas·kamər]
lección (f)	**les**	[les]
recreo (m)	**pouse**	[pæʊsə]
campana (f)	**skoolbel**	[skoəl·bəl]
pupitre (m)	**skoolbank**	[skoəl·bank]
pizarra (f)	**bord**	[bort]
nota (f)	**simbool**	[simboəl]
buena nota (f)	**goeie punt**	[χuje punt]
mala nota (f)	**slegte punt**	[sleχtə punt]
falta (f)	**fout**	[fæʊt]
hacer faltas	**foute maak**	[fæʊtə māk]
corregir (un error)	**korrigeer**	[korriχeər]
chuleta (f)	**afskryfbriefie**	[afskrajf·brifi]
deberes (m pl) de casa	**huiswerk**	[hœis·werk]
ejercicio (m)	**oefening**	[ufeniŋ]
estar presente	**aanwesig wees**	[ānwesəχ veəs]
estar ausente	**afwesig wees**	[afwesəχ veəs]
faltar a las clases	**stokkies draai**	[stokkis drāj]
castigar (vt)	**straf**	[straf]
castigo (m)	**straf**	[straf]
conducta (f)	**gedrag**	[χedraχ]

libreta (f) de notas	rapport	[rapport]
lápiz (m)	potlood	[potloət]
goma (f) de borrar	uitveër	[œitfeɛr]
tiza (f)	kryt	[krajt]
cartuchera (f)	potloodsakkie	[potloət·sakki]
mochila (f)	boekesak	[bukə·sak]
bolígrafo (m)	pen	[pen]
cuaderno (m)	skryfboek	[skrajf·buk]
manual (m)	handboek	[hand·buk]
compás (m)	passer	[passər]
trazar (vi, vt)	tegniese tekeninge maak	[teχnisə tekənikə mãk]
dibujo (m) técnico	tegniese tekening	[teχnisə tekəniŋ]
poema (m), poesía (f)	gedig	[χedəχ]
de memoria (adv)	van buite	[fan bœitə]
aprender de memoria	van buite leer	[fan bœitə leər]
vacaciones (f pl)	skoolvakansie	[skoəl·fakaŋsi]
estar de vacaciones	met vakansie wees	[met fakaŋsi veəs]
pasar las vacaciones	jou vakansie deurbring	[jæʊ fakaŋsi døərbriŋ]
prueba (f) escrita	toets	[tuts]
composición (f)	opstel	[opstəl]
dictado (m)	diktee	[dikteə]
examen (m)	eksamen	[ɛksamen]
experimento (m)	eksperiment	[ɛksperiment]

95. Los institutos. La Universidad

academia (f)	akademie	[akademi]
universidad (f)	universiteit	[unifersitæjt]
facultad (f)	fakulteit	[fakultæjt]
estudiante (m)	student	[student]
estudiante (f)	student	[student]
profesor (m)	lektor	[lektor]
aula (f)	lesingsaal	[lesiŋ·sãl]
graduado (m)	gegradueerde	[χeχradueərdə]
diploma (m)	sertifikaat	[sertifikãt]
tesis (f) de grado	proefskrif	[prufskrif]
estudio (m)	navorsing	[naforsiŋ]
laboratorio (m)	laboratorium	[laboratorium]
clase (f)	lesing	[lesiŋ]
compañero (m) de curso	medestudent	[medə·student]
beca (f)	beurs	[bøərs]
grado (m) académico	akademiese graad	[akademisə χrãt]

96. Las ciencias. Las disciplinas

matemáticas (f pl)	wiskunde	[viskundə]
álgebra (f)	algebra	[alχebra]
geometría (f)	meetkunde	[meetkundə]
astronomía (f)	astronomie	[astronomi]
biología (f)	biologie	[bioloχi]
geografía (f)	geografie	[χeoχrafi]
geología (f)	geologie	[χeoloχi]
historia (f)	geskiedenis	[χeskidenis]
medicina (f)	geneeskunde	[χeneəs·kundə]
pedagogía (f)	pedagogie	[pedaχoχi]
derecho (m)	regte	[reχtə]
física (f)	fisika	[fisika]
química (f)	chemie	[χemi]
filosofía (f)	filosofie	[filosofi]
psicología (f)	sielkunde	[silkundə]

97. Los sistemas de escritura. La ortografía

gramática (f)	grammatika	[χrammatika]
vocabulario (m)	woordeskat	[voərdeskat]
fonética (f)	fonetika	[fonetika]
sustantivo (m)	selfstandige naamwoord	[sɛlfstandiχə nāmwoərt]
adjetivo (m)	byvoeglike naamwoord	[bajfuχlikə nāmvoərt]
verbo (m)	werkwoord	[verk·woərt]
adverbio (m)	bijwoord	[bij·woərt]
pronombre (m)	voornaamwoord	[foərnām·voərt]
interjección (f)	tussenwerpsel	[tussən·werpsəl]
preposición (f)	voorsetsel	[foərsetsəl]
raíz (f), radical (m)	stam	[stam]
desinencia (f)	agtervoegsel	[aχtər·fuχsəl]
prefijo (m)	voorvoegsel	[foər·fuχsəl]
sílaba (f)	lettergreep	[lɛttər·χreəp]
sufijo (m)	agtervoegsel, suffiks	[aχtər·fuχsəl], [suffiks]
acento (m)	klemteken	[klem·tekən]
apóstrofo (m)	afkappingsteken	[afkappiŋs·tekən]
punto (m)	punt	[punt]
coma (m)	komma	[komma]
punto y coma	kommapunt	[komma·punt]
dos puntos (m pl)	dubbelpunt	[dubbəl·punt]
puntos (m pl) suspensivos	beletselteken	[beletsəl·tekən]
signo (m) de interrogación	vraagteken	[frāχ·tekən]
signo (m) de admiración	uitroepteken	[œitrup·tekən]

comillas (f pl)	aanhalingstekens	[ānhaliŋs·tekəŋs]
entre comillas	tussen aanhalingstekens	[tussən ānhaliŋs·tekəŋs]
paréntesis (m)	hakies	[hakis]
entre paréntesis	tussen hakies	[tussən hakis]
guión (m)	koppelteken	[koppəl·tekən]
raya (f)	strepie	[strepi]
blanco (m)	spasie	[spasi]
letra (f)	letter	[lɛttər]
letra (f) mayúscula	hoofletter	[hoəf·lɛttər]
vocal (f)	klinker	[klinkər]
consonante (m)	konsonant	[kɔŋsonant]
oración (f)	sin	[sin]
sujeto (m)	onderwerp	[ondərwerp]
predicado (m)	predikaat	[predikāt]
línea (f)	reël	[reɛl]
párrafo (m)	paragraaf	[paraχrāf]
palabra (f)	woord	[voərt]
combinación (f) de palabras	woordgroep	[voərt·χrup]
expresión (f)	uitdrukking	[œitdrukkiŋ]
sinónimo (m)	sinoniem	[sinonim]
antónimo (m)	antoniem	[antonim]
regla (f)	reël	[reɛl]
excepción (f)	uitsondering	[œitsondəriŋ]
correcto (adj)	korrek	[korrek]
conjugación (f)	vervoeging	[ferfuχiŋ]
declinación (f)	verbuiging	[ferbœəχiŋ]
caso (m)	naamval	[nāmfal]
pregunta (f)	vraag	[frāχ]
subrayar (vt)	onderstreep	[ondərstreəp]
línea (f) de puntos	stippellyn	[stippəl·lajn]

98. Los idiomas extranjeros

lengua (f)	taal	[tāl]
extranjero (adj)	vreemd	[freəmt]
lengua (f) extranjera	vreemde taal	[freəmdə tāl]
estudiar (vt)	studeer	[studeər]
aprender (ingles, etc.)	leer	[leər]
leer (vi, vt)	lees	[leəs]
hablar (vi, vt)	praat	[prāt]
comprender (vt)	verstaan	[ferstān]
escribir (vt)	skryf	[skrajf]
rápidamente (adv)	vinnig	[finnəχ]
lentamente (adv)	stadig	[stadəχ]

con fluidez (adv)	vlot	[flot]
reglas (f pl)	reëls	[rɛɛls]
gramática (f)	grammatika	[xrammatika]
vocabulario (m)	woordeskat	[voərdeskat]
fonética (f)	fonetika	[fonetika]
manual (m)	handboek	[hand·buk]
diccionario (m)	woordeboek	[voərdə·buk]
manual (m) autodidáctico	selfstudie boek	[sɛlfstudi buk]
guía (f) de conversación	taalgids	[tāl·xids]
casete (m)	kasset	[kasset]
videocasete (f)	videoband	[video·bant]
disco compacto, CD (m)	CD	[se·de]
DVD (m)	DVD	[de·fe·de]
alfabeto (m)	alfabet	[alfabet]
deletrear (vt)	spel	[spel]
pronunciación (f)	uitspraak	[œitsprāk]
acento (m)	aksent	[aksent]
palabra (f)	woord	[voərt]
significado (m)	betekenis	[betekənis]
cursos (m pl)	kursus	[kursus]
inscribirse (vr)	inskryf	[inskrajf]
profesor (m) (~ de inglés)	onderwyser	[ondərwajsər]
traducción (f) (proceso)	vertaling	[fertaliŋ]
traducción (f) (texto)	vertaling	[fertaliŋ]
traductor (m)	vertaler	[fertalər]
intérprete (m)	tolk	[tolk]
políglota (m)	poliglot	[polixlot]
memoria (f)	geheue	[xəhøə]

El descanso. El entretenimiento. El viaje

99. Las vacaciones. El viaje

turismo (m)	toerisme	[turismə]
turista (m)	toeris	[turis]
viaje (m)	reis	[ræjs]
aventura (f)	avontuur	[afontɪr]
viaje (m) (p.ej. ~ en coche)	reis	[ræjs]
vacaciones (f pl)	vakansie	[fakaŋsi]
estar de vacaciones	met vakansie wees	[met fakaŋsi veəs]
descanso (m)	rus	[rus]
tren (m)	trein	[træjn]
en tren	per trein	[pər træjn]
avión (m)	vliegtuig	[flixtœix]
en avión	per vliegtuig	[pər flixtœix]
en coche	per motor	[pər motor]
en barco	per skip	[pər skip]
equipaje (m)	bagasie	[baχasi]
maleta (f)	tas	[tas]
carrito (m) de equipaje	bagasiekarretjie	[baχasi·karrəki]
pasaporte (m)	paspoort	[paspoərt]
visado (m)	visum	[fisum]
billete (m)	kaartjie	[kārki]
billete (m) de avión	lugkaartjie	[luχ·kārki]
guía (f) (libro)	reisgids	[ræjsχids]
mapa (m)	kaart	[kārt]
área (f) (~ rural)	gebied	[χebit]
lugar (m)	plek	[plek]
exotismo (m)	eksotiese dinge	[ɛksotisə diŋə]
exótico (adj)	eksoties	[ɛksotis]
asombroso (adj)	verbasend	[ferbasent]
grupo (m)	groep	[χrup]
excursión (f)	uitstappie	[œitstappi]
guía (m) (persona)	gids	[χids]

100. El hotel

hotel (m)	hotel	[hotəl]
motel (m)	motel	[motəl]
de tres estrellas	drie-ster	[dri-stər]

de cinco estrellas	vyf-ster	[fajf-stər]
hospedarse (vr)	oornag	[oərnaχ]
habitación (f)	kamer	[kamər]
habitación (f) individual	enkelkamer	[ɛnkəl·kamər]
habitación (f) doble	dubbelkamer	[dubbəl·kamər]
media pensión (f)	met aandete, bed en ontbyt	[met āndetə], [bet en ontbajt]
pensión (f) completa	volle losies	[follə losis]
con baño	met bad	[met bat]
con ducha	met stortbad	[met stort·bat]
televisión (f) satélite	satelliet-TV	[satɛllit-te·fe]
climatizador (m)	lugversorger	[luχfersorχər]
toalla (f)	handdoek	[handduk]
llave (f)	sleutel	[sløətəl]
administrador (m)	bestuurder	[bestɪrdər]
camarera (f)	kamermeisie	[kamər·mæejsi]
maletero (m)	hoteljoggie	[hotəl·joχi]
portero (m)	portier	[portir]
restaurante (m)	restaurant	[restɔurant]
bar (m)	kroeg	[kruχ]
desayuno (m)	ontbyt	[ontbajt]
cena (f)	aandete	[āndetə]
buffet (m) libre	buffetete	[buffetetə]
vestíbulo (m)	voorportaal	[foər·portāl]
ascensor (m)	hysbak	[hajsbak]
NO MOLESTAR	MOENIE STEUR NIE	[muni støər ni]
PROHIBIDO FUMAR	ROOK VERBODE	[roək ferbodə]

EL EQUIPO TÉCNICO. EL TRANSPORTE

El equipo técnico

101. El computador

ordenador (m)	rekenaar	[rekənãr]
ordenador (m) portátil	skootrekenaar	[skoət·rekənãr]
encender (vt)	aanskakel	[ãŋskakəl]
apagar (vt)	afskakel	[afskakəl]
teclado (m)	toetsbord	[tuts·bort]
tecla (f)	toets	[tuts]
ratón (m)	muis	[mœis]
alfombrilla (f) para ratón	muismatjie	[mœis·maki]
botón (m)	knop	[knop]
cursor (m)	loper	[lopər]
monitor (m)	monitor	[monitor]
pantalla (f)	skerm	[skerm]
disco (m) duro	harde skyf	[hardə skajf]
volumen (m) de disco duro	harde skyf se vermoë	[hardə skajf sə fermoɛ]
memoria (f)	geheue	[χəhøə]
memoria (f) operativa	RAM-geheue	[ram-χehøəə]
archivo, fichero (m)	lêer	[lɛər]
carpeta (f)	gids	[χids]
abrir (vt)	oopmaak	[oəpmãk]
cerrar (vt)	sluit	[slœit]
guardar (un archivo)	bewaar	[bevãr]
borrar (vt)	uitvee	[œitfeə]
copiar (vt)	kopieer	[kopir]
ordenar (vt) (~ de A a Z, etc.)	sorteer	[sorteər]
transferir (vt)	oorplaas	[oərplãs]
programa (m)	program	[proχram]
software (m)	sagteware	[saχtevarə]
programador (m)	programmeur	[proχrammøər]
programar (vt)	programmeer	[proχrammeər]
hacker (m)	kuberkraker	[kubər·krakər]
contraseña (f)	wagwoord	[vaχ·woərt]
virus (m)	virus	[firus]
detectar (vt)	opspoor	[opspoər]
octeto, byte (m)	greep	[χreəp]

megaocteto (m)	megagreep	[meχaχreəp]
datos (m pl)	data	[data]
base (f) de datos	databasis	[data·basis]
cable (m)	kabel	[kabəl]
desconectar (vt)	ontkoppel	[ontkoppəl]
conectar (vt)	konnekteer	[konnekteər]

102. El internet. El correo electrónico

internet (m), red (f)	internet	[internet]
navegador (m)	webblaaier	[veb·blājer]
buscador (m)	soekenjin	[suk·ɛndʒin]
proveedor (m)	verskaffer	[ferskaffər]
webmaster (m)	webmeester	[veb·meəstər]
sitio (m) web	webwerf	[veb·werf]
página (f) web	webblad	[veb·blat]
dirección (f)	adres	[adres]
libro (m) de direcciones	adresboek	[adres·buk]
buzón (m)	posbus	[pos·bus]
correo (m)	pos	[pos]
lleno (adj)	vol	[fol]
mensaje (m)	boodskap	[boədskap]
correo (m) entrante	inkomende boodskappe	[inkomendə boədskappə]
correo (m) saliente	uitgaande boodskappe	[œitχāndə boədskappə]
expedidor (m)	sender	[sendər]
enviar (vt)	verstuur	[ferstɪr]
envío (m)	versending	[fersendiŋ]
destinatario (m)	ontvanger	[ontfaŋər]
recibir (vt)	ontvang	[ontfaŋ]
correspondencia (f)	korrespondensie	[korrespondɛnsi]
escribirse con …	korrespondeer	[korrespondeər]
archivo, fichero (m)	lêer	[lɛər]
descargar (vt)	aflaai	[aflāi]
crear (vt)	skep	[skep]
borrar (vt)	uitvee	[œitfeə]
borrado (adj)	uitgevee	[œitχefeə]
conexión (f) (ADSL, etc.)	konneksie	[konneksi]
velocidad (f)	spoed	[sput]
módem (m)	modem	[modem]
acceso (m)	toegang	[tuχaŋ]
puerto (m)	portaal	[portāl]
conexión (f) (establecer la ~)	aansluiting	[āŋslœitiŋ]
conectarse a …	aansluit by …	[āŋslœit baj …]

seleccionar (vt)	kies	[kis]
buscar (vt)	soek	[suk]

103. La electricidad

electricidad (f)	elektrisiteit	[ɛlektrisitæjt]
eléctrico (adj)	elektries	[ɛlektris]
central (f) eléctrica	kragstasie	[kraχ·stasi]
energía (f)	krag	[kraχ]
energía (f) eléctrica	elektriese krag	[ɛlektrisə kraχ]
bombilla (f)	gloeilamp	[χlui·lamp]
linterna (f)	flits	[flits]
farola (f)	straatlig	[strãtləχ]
luz (f)	lig	[liχ]
encender (vt)	aanskakel	[ãŋskakəl]
apagar (vt)	afskakel	[afskakəl]
apagar la luz	die lig afskakel	[di liχ afskakəl]
quemarse (vr)	doodbrand	[doədbrant]
circuito (m) corto	kortsluiting	[kort·slœitiŋ]
ruptura (f)	gebreekte kabel	[χebreəktə kabəl]
contacto (m)	kontak	[kontak]
interruptor (m)	ligskakelaar	[liχ·skakelãr]
enchufe (m)	muurprop	[mɪrprop]
clavija (f)	prop	[prop]
alargador (m)	verlengkabel	[ferleŋ·kabəl]
fusible (m)	sekering	[sekəriŋ]
cable, hilo (m)	kabel	[kabəl]
instalación (f) eléctrica	bedrading	[bedradiŋ]
amperio (m)	ampère	[ampɛːr]
amperaje (m)	stroomsterkte	[stroəm·sterktə]
voltio (m)	volt	[folt]
voltaje (m)	spanning	[spanniŋ]
aparato (m) eléctrico	elektriese toestel	[ɛlektrisə tustəl]
indicador (m)	aanduier	[ãndœiər]
electricista (m)	elektrisiën	[ɛlektrisiɛn]
soldar (vt)	soldeer	[soldeər]
soldador (m)	soldeerbout	[soldeər·bæut]
corriente (f)	elektriese stroom	[ɛlektrisə stroəm]

104. Las herramientas

instrumento (m)	werktuig	[verktœiχ]
instrumentos (m pl)	gereedskap	[χereədskap]
maquinaria (f)	toerusting	[turustiŋ]

martillo (m)	hamer	[hamər]
destornillador (m)	skroewedraaier	[skruvə·drājer]
hacha (f)	byl	[bajl]
sierra (f)	saag	[sāχ]
serrar (vt)	saag	[sāχ]
cepillo (m)	skaaf	[skāf]
cepillar (vt)	skaaf	[skāf]
soldador (m)	soldeerbout	[soldeer·bæʊt]
soldar (vt)	soldeer	[soldeer]
lima (f)	vyl	[fajl]
tenazas (f pl)	knyptang	[knajptaŋ]
alicates (m pl)	tang	[taŋ]
escoplo (m)	beitel	[bæjtəl]
broca (f)	boor	[boər]
taladro (m)	elektriese boor	[ɛlektrisə boər]
taladrar (vi, vt)	boor	[boər]
cuchillo (m)	mes	[mes]
navaja (f)	sakmes	[sakmes]
filo (m)	lem	[lem]
agudo (adj)	skerp	[skerp]
embotado (adj)	stomp	[stomp]
embotarse (vr)	stomp raak	[stomp rāk]
afilar (vt)	slyp	[slajp]
perno (m)	bout	[bæʊt]
tuerca (f)	moer	[mur]
filete (m)	draad	[drāt]
tornillo (m)	houtskroef	[hæʊt·skruf]
clavo (m)	spyker	[spajkər]
cabeza (f) del clavo	kop	[kop]
regla (f)	meetlat	[meətlat]
cinta (f) métrica	meetband	[meət·bant]
nivel (m) de burbuja	waterpas	[vatərpas]
lupa (f)	vergrootglas	[ferχroət·χlas]
aparato (m) de medida	meetinstrument	[meət·instrument]
medir (vt)	meet	[meət]
escala (f) (~ métrica)	skaal	[skāl]
lectura (f)	lesings	[lesiŋs]
compresor (m)	kompressor	[komprɛssor]
microscopio (m)	mikroskoop	[mikroskoəp]
bomba (f) (~ de agua)	pomp	[pomp]
robot (m)	robot	[robot]
láser (m)	laser	[lasər]
llave (f) de tuerca	moersleutel	[mur·sløətəl]
cinta (f) adhesiva	plakband	[plak·bant]

cola (f), pegamento (m)	gom	[χom]
papel (m) de lija	skuurpapier	[skɪr·papir]
resorte (m)	veer	[feər]
imán (m)	magneet	[maχneət]
guantes (m pl)	handskoene	[handskunə]
cuerda (f)	tou	[tæʊ]
cordón (m)	tou	[tæʊ]
hilo (m) (~ eléctrico)	draad	[drãt]
cable (m)	kabel	[kabəl]
almádana (f)	voorhamer	[foər·hamər]
barra (f)	breekyster	[breəkajstər]
escalera (f) portátil	leer	[leər]
escalera (f) de tijera	trapleer	[trapleər]
atornillar (vt)	vasskroef	[fasskruf]
destornillar (vt)	losskroef	[losskruf]
apretar (vt)	saampars	[sãmpars]
pegar (vt)	vasplak	[fasplak]
cortar (vt)	sny	[snaj]
fallo (m)	fout	[fæʊt]
reparación (f)	herstelwerk	[herstəl·werk]
reparar (vt)	herstel	[herstəl]
regular, ajustar (vt)	stel	[stəl]
verificar (vt)	nagaan	[naχãn]
control (m)	kontrole	[kontrolə]
lectura (f) (~ del contador)	lesings	[lesiŋs]
fiable (máquina)	betroubaar	[betræʊbãr]
complicado (adj)	ingewikkelde	[inχəwikkɛldə]
oxidarse (vr)	roes	[rus]
oxidado (adj)	verroes	[ferrus]
óxido (m)	roes	[rus]

El transporte

105. El avión

avión (m)	vliegtuig	[flixtœix]
billete (m) de avión	lugkaartjie	[lux·kārki]
compañía (f) aérea	lugredery	[luxrederaj]
aeropuerto (m)	lughawe	[luxhavə]
supersónico (adj)	supersonies	[supersonis]
comandante (m)	kaptein	[kaptæjn]
tripulación (f)	bemanning	[bemanniŋ]
piloto (m)	piloot	[piloət]
azafata (f)	lugwaardin	[lux·wārdin]
navegador (m)	navigator	[nafixator]
alas (f pl)	vlerke	[flerkə]
cola (f)	stert	[stert]
cabina (f)	stuurkajuit	[stır·kajœit]
motor (m)	enjin	[ɛndʒin]
tren (m) de aterrizaje	landingstel	[landiŋ·stəl]
turbina (f)	turbine	[turbinə]
hélice (f)	skroef	[skruf]
caja (f) negra	swart boks	[swart boks]
timón (m)	stuurstang	[stır·staŋ]
combustible (m)	brandstof	[brantstof]
instructivo (m) de seguridad	veiligheidskaart	[fæjlixæjts·kārt]
respirador (m) de oxígeno	suurstofmasker	[sırstof·maskər]
uniforme (m)	uniform	[uniform]
chaleco (m) salvavidas	reddingsbaadjie	[rɛddiŋs·bādʒi]
paracaídas (m)	valskerm	[fal·skerm]
despegue (m)	opstyging	[opstajxiŋ]
despegar (vi)	opstyg	[opstajx]
pista (f) de despegue	landingsbaan	[landiŋs·bān]
visibilidad (f)	uitsig	[œitsəx]
vuelo (m)	vlug	[flux]
altura (f)	hoogte	[hoəxtə]
pozo (m) de aire	lugsak	[luxsak]
asiento (m)	sitplek	[sitplek]
auriculares (m pl)	koptelefoon	[kop·telefoən]
mesita (f) plegable	voutafeltjie	[fæu·tafɛlki]
ventana (f)	vliegtuigvenster	[flixtœix·fɛŋstər]
pasillo (m)	paadjie	[pādʒi]

106. El tren

tren (m)	trein	[træjn]
tren (m) de cercanías	voorstedelike trein	[foərstedelikə træjn]
tren (m) rápido	sneltrein	[snɛl·træjn]
locomotora (f) diésel	diesellokomotief	[disəl·lokomotif]
tren (m) de vapor	stoomlokomotief	[stoəm·lokomotif]
coche (m)	passasierswa	[passasirs·wa]
coche (m) restaurante	eetwa	[eət·wa]
rieles (m pl)	spoorstawe	[spoər·stavə]
ferrocarril (m)	spoorweg	[spoər·weχ]
traviesa (f)	dwarsleër	[dwarslɛər]
plataforma (f)	perron	[perron]
vía (f)	spoor	[spoər]
semáforo (m)	semafoor	[semafoər]
estación (f)	stasie	[stasi]
maquinista (m)	treindrywer	[træjn·drajvər]
maletero (m)	portier	[portir]
mozo (m) del vagón	kondukteur	[konduktøər]
pasajero (m)	passasier	[passasir]
revisor (m)	kondukteur	[konduktøər]
corredor (m)	gang	[χaŋ]
freno (m) de urgencia	noodrem	[noədrem]
compartimiento (m)	kompartiment	[kompartiment]
litera (f)	bed	[bet]
litera (f) de arriba	boonste bed	[boəŋstə bet]
litera (f) de abajo	onderste bed	[ondərstə bet]
ropa (f) de cama	beddegoed	[beddə·χut]
billete (m)	kaartjie	[kārki]
horario (m)	diensrooster	[diŋs·roəstər]
pantalla (f) de información	informasiebord	[informasi·bort]
partir (vi)	vertrek	[fertrek]
partida (f) (del tren)	vertrek	[fertrek]
llegar (tren)	aankom	[ānkom]
llegada (f)	aankoms	[ānkoms]
llegar en tren	aankom per trein	[ānkom pər træjn]
tomar el tren	in die trein klim	[in di træjn klim]
bajar del tren	uit die trein klim	[œit di træjn klim]
descarrilamiento (m)	treinbotsing	[træjn·botsiŋ]
descarrilarse (vr)	ontspoor	[ontspoər]
tren (m) de vapor	stoomlokomotief	[stoəm·lokomotif]
fogonero (m)	stoker	[stokər]
hogar (m)	stookplek	[stoəkplek]
carbón (m)	steenkool	[steən·koəl]

107. El barco

barco, buque (m)	skip	[skip]
navío (m)	vaartuig	[fārtœix̄]
buque (m) de vapor	stoomboot	[stoəm·boət]
motonave (f)	rivierboot	[rifir·boət]
trasatlántico (m)	toerskip	[tur·skip]
crucero (m)	kruiser	[krœisər]
yate (m)	jag	[jax̄]
remolcador (m)	sleepboot	[sleəp·boət]
barcaza (f)	vragskuit	[frax̄·skœit]
ferry (m)	veerboot	[feər·boət]
velero (m)	seilskip	[sæjl·skip]
bergantín (m)	skoenerbrik	[skunər·brik]
rompehielos (m)	ysbreker	[ajs·brekər]
submarino (m)	duikboot	[dœik·boət]
bote (m) de remo	roeiboot	[ruiboət]
bote (m)	bootjie	[boəki]
bote (m) salvavidas	reddingsboot	[rɛddiŋs·boət]
lancha (f) motora	motorboot	[motor·boət]
capitán (m)	kaptein	[kaptæjn]
marinero (m)	seeman	[seəman]
marino (m)	matroos	[matroəs]
tripulación (f)	bemanning	[bemanniŋ]
contramaestre (m)	bootsman	[boətsman]
grumete (m)	skeepsjonge	[skeəps·joŋə]
cocinero (m) de abordo	kok	[kok]
médico (m) del buque	skeepsdokter	[skeəps·doktər]
cubierta (f)	dek	[dek]
mástil (m)	mas	[mas]
vela (f)	seil	[sæjl]
bodega (f)	skeepsruim	[skeəps·rœim]
proa (f)	boeg	[bux̄]
popa (f)	agterstewe	[ax̄tərstevə]
remo (m)	roeispaan	[ruis·pān]
hélice (f)	skroef	[skruf]
camarote (m)	kajuit	[kajœit]
sala (f) de oficiales	offisierskajuit	[offisirs·kajœit]
sala (f) de máquinas	enjinkamer	[ɛnʤin·kamər]
puente (m) de mando	brug	[brux̄]
sala (f) de radio	radiokamer	[radio·kamər]
onda (f)	golf	[x̄olf]
cuaderno (m) de bitácora	logboek	[lox̄buk]
anteojo (m)	verkyker	[ferkajkər]
campana (f)	bel	[bəl]

bandera (f)	vlag	[flaχ]
cabo (m) (maroma)	kabel	[kabəl]
nudo (m)	knoop	[knoəp]
pasamano (m)	dekleuning	[dek·løəniŋ]
pasarela (f)	gangplank	[χaŋ·plank]
ancla (f)	anker	[ankər]
levar ancla	anker lig	[ankər ləχ]
echar ancla	anker uitgooi	[ankər œitχoj]
cadena (f) del ancla	ankerketting	[ankər·kɛttiŋ]
puerto (m)	hawe	[havə]
embarcadero (m)	kaai	[kãi]
amarrar (vt)	vasmeer	[fasmeər]
desamarrar (vt)	vertrek	[fertrek]
viaje (m)	reis	[ræjs]
crucero (m) (viaje)	cruise	[kruːs]
derrota (f) (rumbo)	koers	[kurs]
itinerario (m)	roete	[rutə]
canal (m) navegable	vaarwater	[fãr·vatər]
bajío (m)	sandbank	[sand·bank]
encallar (vi)	strand	[strant]
tempestad (f)	storm	[storm]
señal (f)	sienjaal	[sinjãl]
hundirse (vr)	sink	[sink]
¡Hombre al agua!	Man oorboord!	[man oərboərd!]
SOS	SOS	[sos]
aro (m) salvavidas	reddingsboei	[rɛddiŋs·bui]

108. El aeropuerto

aeropuerto (m)	lughawe	[luχhavə]
avión (m)	vliegtuig	[fliχtœiχ]
compañía (f) aérea	lugredery	[luχrederaj]
controlador (m) aéreo	lugverkeersleier	[luχ·ferkeərs·læjer]
despegue (m)	vertrek	[fertrek]
llegada (f)	aankoms	[ãnkoms]
llegar (en avión)	aankom	[ãnkom]
hora (f) de salida	vertrektyd	[fertrək·tajt]
hora (f) de llegada	aankomstyd	[ãnkoms·tajt]
retrasarse (vr)	vertraag wees	[fertrãχ veəs]
retraso (m) de vuelo	vlugvertraging	[fluχ·fertraχiŋ]
pantalla (f) de información	informasiebord	[informasi·bort]
información (f)	informasie	[informasi]
anunciar (vt)	aankondig	[ãnkondəχ]
vuelo (m)	vlug	[fluχ]

Español	Afrikáans	Pronunciación
aduana (f)	doeane	[duanə]
aduanero (m)	doeanebeampte	[duanə·beamptə]
declaración (f) de aduana	doeaneverklaring	[duanə·ferklariŋ]
rellenar (vt)	invul	[inful]
control (m) de pasaportes	paspoortkontrole	[paspoərt·kontrolə]
equipaje (m)	bagasie	[baχasi]
equipaje (m) de mano	handbagasie	[hand·baχasi]
carrito (m) de equipaje	bagasiekarretjie	[baχasi·karrəki]
aterrizaje (m)	landing	[landiŋ]
pista (f) de aterrizaje	landingsbaan	[landiŋs·bān]
aterrizar (vi)	land	[lant]
escaleras (f pl) (de avión)	vliegtuigtrap	[fliχtœiχ·trap]
facturación (f) (check-in)	na die vertrektoonbank	[na di fertrək·toənbank]
mostrador (m) de facturación	vertrektoonbank	[fertrək·toənbank]
hacer el check-in	na die vertrektoonbank gaan	[na di fertrək·toənbank χān]
tarjeta (f) de embarque	instapkaart	[instap·kārt]
puerta (f) de embarque	vertrekuitgang	[fertrek·œitχaŋ]
tránsito (m)	transito	[traŋsito]
esperar (aguardar)	wag	[vaχ]
zona (f) de preembarque	vertreksaal	[fertrək·sāl]
despedir (vt)	afsien	[afsin]
despedirse (vr)	afskeid neem	[afskæjt neəm]

Acontecimentos de la vida

109. Los días festivos. Los eventos

fiesta (f)	partytjie	[partajki]
fiesta (f) nacional	nasionale dag	[naʃionalə daχ]
día (m) de fiesta	openbare vakansiedag	[openbarə fakaŋsi·daχ]
celebrar (vt)	herdenk	[herdenk]
evento (m)	gebeurtenis	[χebøərtenis]
medida (f)	gebeurtenis	[χebøərtenis]
banquete (m)	banket	[banket]
recepción (f)	onthaal	[onthãl]
festín (m)	feesmaal	[feəs·mãl]
aniversario (m)	verjaardag	[ferjãr·daχ]
jubileo (m)	jubileum	[jubiløəm]
Año (m) Nuevo	Nuwejaar	[nuvejãr]
¡Feliz Año Nuevo!	Voorspoedige Nuwejaar	[foərspudiχə nuvejãr]
Papá Noel (m)	Kersvader	[kers·fadər]
Navidad (f)	Kersfees	[kersfeəs]
¡Feliz Navidad!	Geseënde Kersfees	[χeseɛndə kersfeɛs]
árbol (m) de Navidad	Kersboom	[kers·boəm]
fuegos (m pl) artificiales	vuurwerk	[fɪrwerk]
boda (f)	bruilof	[brœilof]
novio (m)	bruidegom	[brœidəχom]
novia (f)	bruid	[brœit]
invitar (vt)	uitnooi	[œitnoj]
tarjeta (f) de invitación	uitnodiging	[œitnodəχiŋ]
invitado (m)	gas	[χas]
visitar (vt) (a los amigos)	besoek	[besuk]
recibir a los invitados	die gaste ontmoet	[di χastə ontmut]
regalo (m)	present	[present]
regalar (vt)	gee	[χeə]
recibir regalos	presente ontvang	[presentə ontfaŋ]
ramo (m) de flores	boeket	[buket]
felicitación (f)	gelukwense	[χelukwɛŋsə]
felicitar (vt)	gelukwens	[χelukwɛŋs]
tarjeta (f) de felicitación	geleentheidskaartjie	[χeleenthæjts·kãrki]
brindis (m)	heildronk	[hæjldronk]
ofrecer (~ una copa)	aanbied	[ãnbit]
champaña (f)	sjampanje	[ʃampanje]

Español	Afrikaans	Pronunciación
divertirse (vr)	jouself geniet	[jæusɛlf χenit]
diversión (f)	pret	[pret]
alegría (f) (emoción)	vreugde	[frøøχdə]
baile (m)	dans	[daŋs]
bailar (vi, vt)	dans	[daŋs]
vals (m)	wals	[vals]
tango (m)	tango	[tanχo]

110. Los funerales. El entierro

Español	Afrikaans	Pronunciación
cementerio (m)	begraafplaas	[beχrāf·plās]
tumba (f)	graf	[χraf]
cruz (f)	kruis	[krœis]
lápida (f)	grafsteen	[χrafsteən]
verja (f)	heining	[hæjniŋ]
capilla (f)	kapel	[kapəl]
muerte (f)	dood	[doət]
morir (vi)	doodgaan	[doədχān]
difunto (m)	oorledene	[oərledenə]
luto (m)	rou	[ræʊ]
enterrar (vt)	begrawe	[beχravə]
funeraria (f)	begrafnisonderneming	[beχrafnis·ondərnemiŋ]
entierro (m)	begrafnis	[beχrafnis]
corona (f) funeraria	krans	[kraŋs]
ataúd (m)	doodskis	[doədskis]
coche (m) fúnebre	lykswa	[lajks·wa]
mortaja (f)	lykkleed	[lajk·kleət]
cortejo (m) fúnebre	begrafnisstoet	[beχrafnis·stut]
urna (f) funeraria	urn	[urn]
crematorio (m)	krematorium	[krematorium]
necrología (f)	doodsberig	[doəds·berəχ]
llorar (vi)	huil	[hœil]
sollozar (vi)	snik	[snik]

111. La guerra. Los soldados

Español	Afrikaans	Pronunciación
sección (f)	peleton	[peleton]
compañía (f)	kompanie	[kompani]
regimiento (m)	regiment	[reχiment]
ejército (m)	leër	[leɛr]
división (f)	divisie	[difisi]
destacamento (m)	afdeling	[afdeliŋ]
hueste (f)	leërskare	[leɛrskarə]
soldado (m)	soldaat	[soldāt]

oficial (m)	offisier	[offisir]
soldado (m) raso	soldaat	[soldãt]
sargento (m)	sersant	[sersant]
teniente (m)	luitenant	[lœitənant]
capitán (m)	kaptein	[kaptæjn]
mayor (m)	majoor	[majoər]
coronel (m)	kolonel	[kolonəl]
general (m)	generaal	[χenerãl]

marino (m)	matroos	[matroəs]
capitán (m)	kaptein	[kaptæjn]
contramaestre (m)	bootsman	[boətsman]

artillero (m)	artilleris	[artilleris]
paracaidista (m)	valskermsoldaat	[falskerm·soldãt]
piloto (m)	piloot	[piloət]
navegador (m)	navigator	[nafiχator]
mecánico (m)	werktuigkundige	[verktœiχ·kundiχə]

zapador (m)	sappeur	[sappøər]
paracaidista (m)	valskermspringer	[falskerm·spriŋər]
explorador (m)	verkenner	[ferkɛnnər]
francotirador (m)	skerpskut	[skerp·skut]

patrulla (f)	patrollie	[patrolli]
patrullar (vi, vt)	patrolleer	[patrolleər]
centinela (m)	wag	[vaχ]

guerrero (m)	vegter	[feχtər]
patriota (m)	patriot	[patriot]
héroe (m)	held	[hɛlt]
heroína (f)	heldin	[hɛldin]

| traidor (m) | verraaier | [ferrãjer] |
| traicionar (vt) | verraai | [ferrãi] |

| desertor (m) | droster | [drostər] |
| desertar (vi) | dros | [dros] |

mercenario (m)	huursoldaat	[hɪr·soldãt]
recluta (m)	rekruteer	[rekruteər]
voluntario (m)	vrywilliger	[frajvilliχər]

muerto (m)	dooie	[doje]
herido (m)	gewonde	[χevondə]
prisionero (m)	krygsgevangene	[krajχs·χefaŋənə]

112. La guerra. El ámbito militar. Unidad 1

guerra (f)	oorlog	[oərloχ]
estar en guerra	oorlog voer	[oərloχ fur]
guerra (f) civil	burgeroorlog	[burgər·oərloχ]
pérfidamente (adv)	valslik	[falslik]
declaración (f) de guerra	oorlogsverklaring	[oərloχs·ferklariŋ]

declarar (~ la guerra)	oorlog verklaar	[oərlɔx ferklār]
agresión (f)	aggressie	[axrɛssi]
atacar (~ a un país)	aanval	[ānfal]

invadir (vt)	binneval	[binnəfal]
invasor (m)	binnevaller	[binnəfallər]
conquistador (m)	veroweraar	[feroverār]

defensa (f)	verdediging	[ferdedəxiŋ]
defender (vt)	verdedig	[ferdedəx]
defenderse (vr)	jouself verdedig	[jæusɛlf ferdedəx]

enemigo (m)	vyand	[fajant]
adversario (m)	teëstander	[teɛstandər]
enemigo (adj)	vyandig	[fajandəx]

| estrategia (f) | strategie | [stratexi] |
| táctica (f) | taktiek | [taktik] |

orden (f)	bevel	[befəl]
comando (m)	bevel	[befəl]
ordenar (vt)	beveel	[befeəl]
misión (f)	opdrag	[opdrax]
secreto (adj)	geheim	[xəhæjm]

| batalla (f) | veldslag | [fɛltslax] |
| combate (m) | geveg | [xefex] |

ataque (m)	aanval	[ānfal]
asalto (m)	bestorming	[bestormiŋ]
tomar por asalto	bestorm	[bestorm]
asedio (m), sitio (m)	beleg	[belex]

| ofensiva (f) | aanval | [ānfal] |
| tomar la ofensiva | tot die offensief oorgaan | [tot di offɛŋsif oərxān] |

| retirada (f) | terugtrekking | [terux·trɛkkiŋ] |
| retirarse (vr) | terugtrek | [teruxtrek] |

| envolvimiento (m) | omsingeling | [omsinxəliŋ] |
| cercar (vt) | omsingel | [omsiŋəl] |

bombardeo (m)	bombardement	[bombardement]
bombear (vt)	bombardeer	[bombardeər]
explosión (f)	ontploffing	[ontploffiŋ]

| tiro (m), disparo (m) | skoot | [skoət] |
| tiro (m) (de artillería) | skiet | [skit] |

apuntar a ...	mik op	[mik op]
encarar (apuntar)	rig	[rix]
alcanzar (el objetivo)	tref	[tref]

hundir (vt)	sink	[sink]
brecha (f) (~ en el casco)	gat	[xat]
hundirse (vr)	sink	[sink]

frente (m)	front	[front]
evacuación (f)	evakuasie	[ɛfakuasi]
evacuar (vt)	evakueer	[ɛfakueər]
trinchera (f)	loopgraaf	[loəpχrãf]
alambre (m) de púas	doringdraad	[doriŋ·drãt]
barrera (f) (~ antitanque)	versperring	[fersperriŋ]
torre (f) de vigilancia	wagtoring	[vaχ·toriŋ]
hospital (m)	militêre hospitaal	[militærə hospitãl]
herir (vt)	wond	[vont]
herida (f)	wond	[vont]
herido (m)	gewonde	[χevondə]
recibir una herida	gewond	[χevont]
grave (herida)	ernstig	[ɛrnstəχ]

113. La guerra. El ámbito militar. Unidad 2

cautiverio (m)	gevangenskap	[χefaŋənskap]
capturar (vt)	gevange neem	[χefaŋə neəm]
estar en cautiverio	in gevangenskap wees	[in χefaŋənskap veəs]
caer prisionero	in gevangenskap geneem word	[in χefaŋənskap χeneəm vort]
campo (m) de concentración	konsentrasiekamp	[kɔŋsentrasi·kamp]
prisionero (m)	krygsgevangene	[krajχs·χefaŋənə]
escapar (de cautiverio)	ontsnap	[ontsnap]
traicionar (vt)	verraai	[ferrãi]
traidor (m)	verraaier	[ferrãjer]
traición (f)	verraad	[ferrãt]
fusilar (vt)	eksekuteer	[ɛksekuteər]
fusilamiento (m)	eksekusie	[ɛksekusi]
equipo (m) (uniforme, etc.)	toerusting	[turustiŋ]
hombrera (f)	skouerstrook	[skæuer·stroək]
máscara (f) antigás	gasmasker	[χas·maskər]
radio transmisor (m)	veldradio	[fɛlt·radio]
cifra (f) (código)	geheime kode	[χəhæjmə kodə]
conspiración (f)	geheimhouding	[χəhæjm·hæʊdiŋ]
contraseña (f)	wagwoord	[vaχ·woərt]
mina (f) terrestre	landmyn	[land·majn]
minar (poner minas)	bemyn	[bemajn]
campo (m) minado	mynveld	[majn·fɛlt]
alarma (f) aérea	lugalarm	[luχ·alarm]
alarma (f)	alarm	[alarm]
señal (f)	sienjaal	[sinjãl]
cohete (m) de señales	fakkel	[fakkel]
estado (m) mayor	hoofkwartier	[hoəf·kwartir]
reconocimiento (m)	verkenningstog	[ferkɛnniŋs·toχ]

situación (f)	toestand	[tustant]
informe (m)	verslag	[fɛrslax]
emboscada (f)	hinderlaag	[hindər·lāx]
refuerzo (m)	versterking	[fɛrstərkiŋ]

blanco (m)	doel	[dul]
terreno (m) de prueba	proefterrein	[pruf·tɛrræjn]
maniobras (f pl)	militêre oefening	[militærə ufeniŋ]

pánico (m)	paniek	[panik]
devastación (f)	verwoesting	[fɛrwustiŋ]
destrucciones (f pl)	verwoesting	[fɛrwustiŋ]
destruir (vt)	verwoes	[fɛrwus]

sobrevivir (vi, vt)	oorleef	[oərleəf]
desarmar (vt)	ontwapen	[ontvapɛn]
manejar (un arma)	hanteer	[hanteər]

| ¡Firmes! | Aandag! | [āndax!] |
| ¡Descanso! | Op die plek rus! | [op di plek rus!] |

hazaña (f)	heldedaad	[hɛldə·dāt]
juramento (m)	eed	[eət]
jurar (vt)	sweer	[sweər]

condecoración (f)	dekorasie	[dekorasiə]
condecorar (vt)	toeken	[tuken]
medalla (f)	medalje	[medalje]
orden (m) (~ de Merito)	orde	[ordə]

victoria (f)	oorwinning	[oərwinniŋ]
derrota (f)	nederlaag	[nedərlāx]
armisticio (m)	wapenstilstand	[vapɛn·stilstant]

bandera (f)	vaandel	[fāndəl]
gloria (f)	roem	[rum]
desfile (m) militar	parade	[paradə]
marchar (desfilar)	marseer	[marseər]

114. Las armas

arma (f)	wapens	[vapɛns]
arma (f) de fuego	vuurwapens	[fɪr·vapɛns]
arma (f) blanca	messe	[mɛssə]

arma (f) química	chemiese wapens	[xemisə vapɛns]
nuclear (adj)	kern-	[kern-]
arma (f) nuclear	kernwapens	[kern·vapɛns]

| bomba (f) | bom | [bom] |
| bomba (f) atómica | atoombom | [atoəm·bom] |

| pistola (f) | pistool | [pistoəl] |
| fusil (m) | geweer | [xeveər] |

metralleta (f)	aanvalsgeweer	[ānvals·χeveər]
ametralladora (f)	masjiengeweer	[maʃin·χeveər]
boca (f)	loop	[loəp]
cañón (m) (del arma)	loop	[loəp]
calibre (m)	kaliber	[kalibər]
gatillo (m)	sneller	[snɛllər]
alza (f)	visier	[fisir]
cargador (m)	magasyn	[maχasajn]
culata (f)	kolf	[kolf]
granada (f) de mano	handgranaat	[hand·χranāt]
explosivo (m)	springstof	[sprinstof]
bala (f)	koeël	[kuɛl]
cartucho (m)	patroon	[patroən]
carga (f)	lading	[ladiŋ]
pertrechos (m pl)	ammunisie	[ammunisi]
bombardero (m)	bomwerper	[bom·werpər]
avión (m) de caza	straalvegter	[strāl·feχtər]
helicóptero (m)	helikopter	[helikoptər]
antiaéreo (m)	lugafweer	[luχafweər]
tanque (m)	tenk	[tɛnk]
cañón (m) (de un tanque)	tenkkanon	[tɛnk·kanon]
artillería (f)	artillerie	[artilleri]
cañón (m) (arma)	kanon	[kanon]
dirigir (un misil, etc.)	aanlê	[ānlɛ:]
mortero (m)	mortier	[mortir]
bomba (f) de mortero	mortierbom	[mortir·bom]
obús (m)	projektiel	[projektil]
trozo (m) de obús	skrapnel	[skrapnəl]
submarino (m)	duikboot	[dœik·boət]
torpedo (m)	torpedo	[torpedo]
misil (m)	vuurpyl	[fɪr·pajl]
cargar (pistola)	laai	[lāi]
tirar (vi)	skiet	[skit]
apuntar a ...	rig op	[riχ op]
bayoneta (f)	bajonet	[bajonet]
espada (f) (duelo a ~)	rapier	[rapir]
sable (m)	sabel	[sabəl]
lanza (f)	spies	[spis]
arco (m)	boog	[boəχ]
flecha (f)	pyl	[pajl]
mosquete (m)	musket	[musket]
ballesta (f)	kruisboog	[krœis·boəχ]

115. Los pueblos antiguos

primitivo (adj)	primitief	[primitif]
prehistórico (adj)	prehistories	[prehistoris]
antiguo (adj)	antiek	[antik]
Edad (f) de Piedra	Steentydperk	[steən·tajtperk]
Edad (f) de Bronce	Bronstydperk	[brɔŋs·tajtperk]
Edad (f) de Hielo	Ystydperk	[ajs·tajtperk]
tribu (f)	stam	[stam]
caníbal (m)	mensvreter	[mɛŋs·fretər]
cazador (m)	jagter	[jaχtər]
cazar (vi, vt)	jag	[jaχ]
mamut (m)	mammoet	[mammut]
caverna (f)	grot	[χrot]
fuego (m)	vuur	[fɪr]
hoguera (f)	kampvuur	[kampfɪr]
pintura (f) rupestre	rotstekening	[rots·tekəniŋ]
herramienta (f), útil (m)	werktuig	[verktœiχ]
lanza (f)	spies	[spis]
hacha (f) de piedra	klipbyl	[klip·bajl]
estar en guerra	oorlog voer	[oərloχ fur]
domesticar (vt)	tem	[tem]
ídolo (m)	afgod	[afχot]
adorar (vt)	aanbid	[ānbit]
superstición (f)	bygeloof	[bajχəloəf]
rito (m)	ritueel	[rituǝəl]
evolución (f)	evolusie	[ɛfolusi]
desarrollo (m)	ontwikkeling	[ontwikkeliŋ]
desaparición (f)	verdwyning	[ferdwajniŋ]
adaptarse (vr)	jou aanpas	[jæʊ ānpas]
arqueología (f)	argeologie	[arχeoloχi]
arqueólogo (m)	argeoloog	[arχeoloəχ]
arqueológico (adj)	argeologies	[arχeoloχis]
sitio (m) de excavación	opgrawingsplek	[opχraviŋs·plek]
excavaciones (f pl)	opgrawingsplekke	[opχraviŋs·plɛkkə]
hallazgo (m)	vonds	[fonds]
fragmento (m)	fragment	[fraχment]

116. La Edad Media

pueblo (m)	volk	[folk]
pueblos (m pl)	bevolking	[befolkiŋ]
tribu (f)	stam	[stam]
tribus (f pl)	stamme	[stammə]
bárbaros (m pl)	barbare	[barbarə]

galos (m pl)	Galliërs	[ҳalliɛrs]
godos (m pl)	Gote	[ҳote]
eslavos (m pl)	Slawe	[slavə]
vikingos (m pl)	Vikings	[vikiŋs]
romanos (m pl)	Romeine	[romæjnə]
romano (adj)	Romeins	[romæjns]
bizantinos (m pl)	Bisantyne	[bisantajnə]
Bizancio (m)	Bisantium	[bisantium]
bizantino (adj)	Bisantyns	[bisantajns]
emperador (m)	keiser	[kæjsər]
jefe (m)	leier	[læjer]
poderoso (adj)	magtig	[maҳtəҳ]
rey (m)	koning	[koniŋ]
gobernador (m)	heerser	[heərsər]
caballero (m)	ridder	[riddər]
señor (m) feudal	feodale heerser	[feodalə heərsər]
feudal (adj)	feodaal	[feodāl]
vasallo (m)	vasal	[fasal]
duque (m)	hertog	[hertoҳ]
conde (m)	graaf	[ҳrāf]
barón (m)	baron	[baron]
obispo (m)	biskop	[biskop]
armadura (f)	harnas	[harnas]
escudo (m)	skild	[skilt]
espada (f) (danza de ~s)	swaard	[swārt]
visera (f)	visier	[fisir]
cota (f) de malla	maliehemp	[mali·hemp]
cruzada (f)	Kruistog	[krœis·toҳ]
cruzado (m)	kruisvaarder	[krœis·fārdər]
territorio (m)	gebied	[ҳebit]
atacar (~ a un país)	aanval	[ānfal]
conquistar (vt)	verower	[ferovər]
ocupar (invadir)	beset	[beset]
asedio (m), sitio (m)	beleg	[beleҳ]
sitiado (adj)	beleërde	[beleɛrdə]
asediar, sitiar (vt)	beleër	[beleɛr]
inquisición (f)	inkwisisie	[inkvisisi]
inquisidor (m)	inkwisiteur	[inkvisitøər]
tortura (f)	marteling	[martəliŋ]
cruel (adj)	wreed	[vreət]
hereje (m)	ketter	[kɛttər]
herejía (f)	kettery	[kɛtteraj]
navegación (f) marítima	seevaart	[seə·fārt]
pirata (m)	piraat, seerower	[pirāt], [seə·rovər]
piratería (f)	piratery, seerowery	[pirateraj], [seə·roveraj]

abordaje (m)	enter	[ɛntər]
botín (m)	buit	[bœit]
tesoros (m pl)	skatte	[skattə]
descubrimiento (m)	ontdekking	[ontdɛkkiŋ]
descubrir (tierras nuevas)	ontdek	[ontdek]
expedición (f)	ekspedisie	[ɛkspedisi]
mosquetero (m)	musketier	[musketir]
cardenal (m)	kardinaal	[kardinãl]
heráldica (f)	heraldiek	[heraldik]
heráldico (adj)	heraldies	[heraldis]

117. El líder. El jefe. Las autoridades

rey (m)	koning	[koniŋ]
reina (f)	koningin	[koniŋin]
real (adj)	koninklik	[koninklik]
reino (m)	koninkryk	[koninkrajk]
príncipe (m)	prins	[prins]
princesa (f)	prinses	[prinsəs]
presidente (m)	president	[president]
vicepresidente (m)	vise-president	[fise-president]
senador (m)	senator	[senator]
monarca (m)	monarg	[monarχ]
gobernador (m)	heerser	[heersər]
dictador (m)	diktator	[diktator]
tirano (m)	tiran	[tiran]
magnate (m)	magnaat	[maχnãt]
director (m)	direkteur	[direktøər]
jefe (m)	baas	[bãs]
gerente (m)	bestuurder	[bestɪrdər]
amo (m)	baas	[bãs]
dueño (m)	eienaar	[æjenãr]
jefe (m), líder (m)	leier	[læjer]
jefe (m) (~ de delegación)	hoof	[hoəf]
autoridades (f pl)	outoriteite	[æʉtoritæjtə]
superiores (m pl)	hoofde	[hoəfdə]
gobernador (m)	goewerneur	[χuvernøər]
cónsul (m)	konsul	[kɔŋsul]
diplomático (m)	diplomaat	[diplomãt]
alcalde (m)	burgermeester	[burgər·meəstər]
sheriff (m)	sheriff	[sheriff]
emperador (m)	keiser	[kæjsər]
zar (m)	tsaar	[tsãr]
faraón (m)	farao	[farao]
jan (m), kan (m)	kan	[kan]

118. Violar la ley. Los criminales. Unidad 1

bandido (m)	bandiet	[bandit]
crimen (m)	misdaad	[misdāt]
criminal (m)	misdadiger	[misdadiχər]
ladrón (m)	dief	[dif]
robar (vt)	steel	[steəl]
robo (m) (actividad)	steel	[steəl]
robo (m) (hurto)	diefstal	[difstal]
secuestrar (vt)	ontvoer	[ontfur]
secuestro (m)	ontvoering	[ontfuriŋ]
secuestrador (m)	ontvoerder	[ontfurdər]
rescate (m)	losgeld	[losχɛlt]
exigir un rescate	losgeld eis	[losχɛlt æjs]
robar (vt)	besteel	[besteəl]
robo (m)	oorval	[oərfal]
atracador (m)	boef	[buf]
extorsionar (vt)	afpers	[afpers]
extorsionista (m)	afperser	[afpersər]
extorsión (f)	afpersing	[afpersiŋ]
matar, asesinar (vt)	vermoor	[fermoər]
asesinato (m)	moord	[moərt]
asesino (m)	moordenaar	[moərdenār]
tiro (m), disparo (m)	skoot	[skoət]
matar (a tiros)	doodskiet	[doədskit]
tirar (vi)	skiet	[skit]
tiroteo (m)	skietery	[skiteraj]
incidente (m)	insident	[insidənt]
pelea (f)	geveg	[χefeχ]
¡Socorro!	Help!	[hɛlp!]
víctima (f)	slagoffer	[slaχoffər]
perjudicar (vt)	beskadig	[beskadəχ]
daño (m)	skade	[skadə]
cadáver (m)	lyk	[lajk]
grave (un delito ~)	ernstig	[ɛrnstəχ]
atacar (vt)	aanval	[ānfal]
pegar (golpear)	slaan	[slān]
apporear (vt)	platslaan	[platslān]
quitar (robar)	vat	[fat]
acuchillar (vt)	doodsteek	[doədsteək]
mutilar (vt)	vermink	[fermink]
herir (vt)	wond	[vont]
chantaje (m)	afpersing	[afpersiŋ]
hacer chantaje	afpers	[afpers]

chantajista (m)	afperser	[afpersər]
extorsión (f)	beskermingswendelary	[beskermiŋ·swendəlaraj]
extorsionador (m)	afperser	[afpersər]
gángster (m)	boef	[buf]
mafia (f)	mafia	[mafia]
carterista (m)	sakkeroller	[sakkerollər]
ladrón (m) de viviendas	inbreker	[inbrekər]
contrabandismo (m)	smokkel	[smokkəl]
contrabandista (m)	smokkelaar	[smokkəlār]
falsificación (f)	vervalsing	[ferfalsiŋ]
falsificar (vt)	verval	[ferfal]
falso (falsificado)	vals	[fals]

119. Violar la ley. Los criminales. Unidad 2

violación (f)	verkragting	[ferkraχtiŋ]
violar (vt)	verkrag	[ferkraχ]
violador (m)	verkragter	[ferkraχtər]
maniaco (m)	maniak	[maniak]
prostituta (f)	prostituut	[prostitɪt]
prostitución (f)	prostitusie	[prostitusi]
chulo (m), proxeneta (m)	pooier	[pojer]
drogadicto (m)	dwelmslaaf	[dwɛlm·slāf]
narcotraficante (m)	dwelmhandelaar	[dwɛlm·handəlār]
hacer explotar	opblaas	[opblās]
explosión (f)	ontploffing	[ontploffiŋ]
incendiar (vt)	aan die brand steek	[ān di brant steek]
incendiario (m)	brandstigter	[brant·stiχtər]
terrorismo (m)	terrorisme	[terrorismə]
terrorista (m)	terroris	[terroris]
rehén (m)	gyselaar	[χajsəlār]
estafar (vt)	bedrieg	[bedrəχ]
estafa (f)	bedrog	[bedroχ]
estafador (m)	bedrieër	[bedriɛr]
sobornar (vt)	omkoop	[omkoəp]
soborno (m) (delito)	omkopery	[omkoperaj]
soborno (m) (dinero, etc.)	omkoopgeld	[omkoəp·χɛlt]
veneno (m)	gif	[χif]
envenenar (vt)	vergiftig	[ferχiftəχ]
envenenarse (vr)	jouself vergiftig	[jæusɛlf ferχiftəχ]
suicidio (m)	selfmoord	[sɛlfmoərt]
suicida (m, f)	selfmoordenaar	[sɛlfmoərdenār]
amenazar (vt)	dreig	[dræjχ]
amenaza (f)	dreigement	[dræjχement]

atentado (m)	aanslag	[ãŋslaχ]
robar (un coche)	steel	[steəl]
secuestrar (un avión)	kaap	[kãp]
venganza (f)	wraak	[vrãk]
vengar (vt)	wreek	[vreək]
torturar (vt)	martel	[martəl]
tortura (f)	marteling	[martəliŋ]
atormentar (vt)	folter	[foltər]
pirata (m)	piraat, seerower	[pirãt], [seə·rovər]
gamberro (m)	skollie	[skolli]
armado (adj)	gewapen	[χevapen]
violencia (f)	geweld	[χevɛlt]
ilegal (adj)	onwettig	[onwɛttəχ]
espionaje (m)	spioenasie	[spiunasi]
espiar (vi, vt)	spioeneer	[spiuneər]

120. La policía. La ley. Unidad 1

justicia (f)	justisie	[jəstisi]
tribunal (m)	geregshof	[χereχshof]
juez (m)	regter	[reχtər]
jurados (m pl)	jurielede	[jurilede]
tribunal (m) de jurados	jurieregspraak	[juri·reχsprãk]
juzgar (vt)	bereg	[bereχ]
abogado (m)	advokaat	[adfokãt]
acusado (m)	beklaagde	[beklãχdə]
banquillo (m) de los acusados	beklaagdebank	[beklãχdə·bank]
inculpación (f)	aanklag	[ãnklaχ]
inculpado (m)	beskuldigde	[beskuldiχdə]
sentencia (f)	vonnis	[fonnis]
sentenciar (vt)	veroordeel	[feroərdeəl]
culpable (m)	skuldig	[skuldəχ]
castigar (vt)	straf	[straf]
castigo (m)	straf	[straf]
multa (f)	boete	[butə]
cadena (f) perpetua	lewenslange gevangenisstraf	[levɛŋslaŋə χefaŋənis·straf]
pena (f) de muerte	doodstraf	[doədstraf]
silla (f) eléctrica	elektriese stoel	[ɛlektrisə stul]
horca (f)	galg	[χalχ]
ejecutar (vt)	eksekuteer	[ɛksekuteər]
ejecución (f)	eksekusie	[ɛksekusi]
prisión (f)	tronk	[tronk]

celda (f)	sel	[səl]
escolta (f)	eskort	[ɛskort]
guardia (m) de prisiones	tronkbewaarder	[tronk·bevārdər]
prisionero (m)	gevangene	[xefaŋənə]
esposas (f pl)	handboeie	[hant·buje]
esposar (vt)	in die boeie slaan	[in di buje slān]
escape (m)	ontsnapping	[ontsnappiŋ]
escaparse (vr)	ontsnap	[ontsnap]
desaparecer (vi)	verdwyn	[ferdwajn]
liberar (vt)	vrylaat	[frajlāt]
amnistía (f)	amnestie	[amnesti]
policía (f) (~ nacional)	polisie	[polisi]
policía (m)	polisieman	[polisi·man]
comisaría (f) de policía	polisiestasie	[polisi·stasi]
porra (f)	knuppel	[knuppəl]
megáfono (m)	megafoon	[meχafoən]
coche (m) patrulla	patrolliemotor	[patrolli·motor]
sirena (f)	sirene	[sirenə]
poner la sirena	die sirene aanskakel	[di sirenə āŋskakəl]
sonido (m) de sirena	sirenegeloei	[sirenə·χelui]
escena (f) del delito	misdaadtoneel	[misdād·toneəl]
testigo (m)	getuie	[χetœiə]
libertad (f)	vryheid	[frajhæjt]
cómplice (m)	medepligtige	[medə·pliχtiχə]
escapar de ...	ontvlug	[ontfluχ]
rastro (m)	spoor	[spoər]

121. La policía. La ley. Unidad 2

búsqueda (f)	soektog	[suktoχ]
buscar (~ el criminal)	soek ...	[suk ...]
sospecha (f)	verdenking	[ferdɛnkiŋ]
sospechoso (adj)	verdag	[ferdaχ]
parar (~ en la calle)	teëhou	[teɛhæʋ]
retener (vt)	aanhou	[ānhæʋ]
causa (f) (~ penal)	hofsaak	[hofsāk]
investigación (f)	ondersoek	[ondərsuk]
detective (m)	speurder	[spøərdər]
investigador (m)	speurder	[spøərdər]
versión (f)	hipotese	[hipotesə]
motivo (m)	motief	[motif]
interrogatorio (m)	ondervraging	[ondərfraχiŋ]
interrogar (vt)	ondervra	[ondərfra]
interrogar (al testigo)	verhoor	[ferhoər]
control (m) (de vehículos, etc.)	kontroleer	[kontroleər]
redada (f)	klopjag	[klopjaχ]
registro (m) (~ de la casa)	huissoeking	[hœis·sukiŋ]

persecución (f)	agtervolging	[aχtərfolχiŋ]
perseguir (vt)	agtervolg	[aχtərfolχ]
rastrear (~ al criminal)	opspoor	[opspoər]
arresto (m)	inhegtenisneming	[inheχtenis·nemiŋ]
arrestar (vt)	arresteer	[arresteər]
capturar (vt)	vang	[faŋ]
captura (f)	opsporing	[opsporiŋ]
documento (m)	dokument	[dokument]
prueba (f)	bewys	[bevajs]
probar (vt)	bewys	[bevajs]
huella (f) (pisada)	voetspoor	[futspoər]
huellas (f pl) digitales	vingerafdrukke	[fiŋər·afdrukkə]
elemento (m) de prueba	bewysstuk	[bevajs·stuk]
coartada (f)	alibi	[alibi]
inocente (no culpable)	onskuldig	[ɔŋskuldəχ]
injusticia (f)	onreg	[onreχ]
injusto (adj)	onregverdig	[onreχferdəχ]
criminal (adj)	krimineel	[krimineel]
confiscar (vt)	in beslag neem	[in beslaχ neəm]
narcótico (m)	dwelm	[dwɛlm]
arma (f)	wapen	[vapen]
desarmar (vt)	ontwapen	[ontvapen]
ordenar (vt)	beveel	[befeəl]
desaparecer (vi)	verdwyn	[ferdwajn]
ley (f)	wet	[vet]
legal (adj)	wettig	[vɛttəχ]
ilegal (adj)	onwettig	[onwɛttəχ]
responsabilidad (f)	verantwoordelikheid	[ferant·voərdelikhæjt]
responsable (adj)	verantwoordelik	[ferant·voərdelik]

LA NATURALEZA

La tierra. Unidad 1

122. El espacio

cosmos (m)	kosmos	[kosmos]
espacial, cósmico (adj)	kosmies	[kosmis]
espacio (m) cósmico	buitenste ruimte	[bœitɛŋstə rajmtə]
mundo (m)	wêreld	[værɛlt]
universo (m)	heelal	[heəlal]
galaxia (f)	sterrestelsel	[sterrə·stɛlsəl]
estrella (f)	ster	[ster]
constelación (f)	sterrebeeld	[sterrə·beəlt]
planeta (m)	planeet	[planeət]
satélite (m)	satelliet	[satɛllit]
meteorito (m)	meteoriet	[meteorit]
cometa (m)	komeet	[komeət]
asteroide (m)	asteroïed	[asteroïət]
órbita (f)	baan	[bān]
girar (vi)	draai	[drāi]
atmósfera (f)	atmosfeer	[atmosfeer]
Sol (m)	die Son	[di son]
sistema (m) solar	sonnestelsel	[sonnə·stɛlsəl]
eclipse (m) de Sol	sonsverduistering	[soŋs·ferdœisteriŋ]
Tierra (f)	die Aarde	[di ārdə]
Luna (f)	die Maan	[di mān]
Marte (m)	Mars	[mars]
Venus (f)	Venus	[fenus]
Júpiter (m)	Jupiter	[jupitər]
Saturno (m)	Saturnus	[saturnus]
Mercurio (m)	Mercurius	[merkurius]
Urano (m)	Uranus	[uranus]
Neptuno (m)	Neptunus	[neptunus]
Plutón (m)	Pluto	[pluto]
la Vía Láctea	Melkweg	[melk·weχ]
la Osa Mayor	Groot Beer	[χroət beər]
la Estrella Polar	Poolster	[poəl·stər]
marciano (m)	marsbewoner	[mars·bevonər]
extraterrestre (m)	buiteaardse wese	[bœitə·ārdsə vesə]

planetícola (m)	ruimtewese	[rœimtə·vesə]
platillo (m) volante	vlieënde skottel	[fliɛndə skottəl]
nave (f) espacial	ruimteskip	[rœimtə·skip]
estación (f) orbital	ruimtestasie	[rœimtə·stasi]
despegue (m)	vertrek	[fertrek]
motor (m)	enjin	[ɛnʤin]
tobera (f)	uitlaatpyp	[œitlãt·pajp]
combustible (m)	brandstof	[brantstof]
carlinga (f)	stuurkajuit	[stɪr·kajœit]
antena (f)	lugdraad	[luχdrãt]
ventana (f)	patryspoort	[patrajs·poərt]
batería (f) solar	sonpaneel	[son·paneəl]
escafandra (f)	ruimtepak	[rœimtə·pak]
ingravidez (f)	gewigloosheid	[χeviχloəshæjt]
oxígeno (m)	suurstof	[sɪrstof]
atraque (m)	koppeling	[koppeliŋ]
realizar el atraque	koppel	[koppəl]
observatorio (m)	observatorium	[observatorium]
telescopio (m)	teleskoop	[teleskoəp]
observar (vt)	waarneem	[vãrneəm]
explorar (~ el universo)	eksploreer	[ɛksploreər]

123. La tierra

Tierra (f)	die Aarde	[di ãrdə]
globo (m) terrestre	die aardbol	[di ãrdbol]
planeta (m)	planeet	[planeət]
atmósfera (f)	atmosfeer	[atmosfeər]
geografía (f)	geografie	[χeoχrafi]
naturaleza (f)	natuur	[natɪr]
globo (m) terráqueo	aardbol	[ãrd·bol]
mapa (m)	kaart	[kãrt]
atlas (m)	atlas	[atlas]
Europa (f)	Europa	[øəropa]
Asia (f)	Asië	[asiɛ]
África (f)	Afrika	[afrika]
Australia (f)	Australië	[ɔustraliɛ]
América (f)	Amerika	[amerika]
América (f) del Norte	Noord-Amerika	[noərd-amerika]
América (f) del Sur	Suid-Amerika	[sœid-amerika]
Antártida (f)	Suidpool	[sœid·poəl]
Ártico (m)	Noordpool	[noərd·poəl]

124. Los puntos cardinales

norte (m)	noorde	[noərdə]
al norte	na die noorde	[na di noərdə]
en el norte	in die noorde	[in di noərdə]
del norte (adj)	noordelik	[noərdəlik]

sur (m)	suide	[sœidə]
al sur	na die suide	[na di sœidə]
en el sur	in die suide	[in di sœidə]
del sur (adj)	suidelik	[sœidəlik]

oeste (m)	weste	[vestə]
al oeste	na die weste	[na di vestə]
en el oeste	in die weste	[in di vestə]
del oeste (adj)	westelik	[vestelik]

este (m)	ooste	[oəstə]
al este	na die ooste	[na di oəstə]
en el este	in die ooste	[in di oəstə]
del este (adj)	oostelik	[oəstəlik]

125. El mar. El océano

mar (m)	see	[seə]
océano (m)	oseaan	[oseān]
golfo (m)	golf	[χolf]
estrecho (m)	straat	[strāt]

tierra (f) firme	land	[lant]
continente (m)	kontinent	[kontinent]

isla (f)	eiland	[æjlant]
península (f)	skiereiland	[skir·æjlant]
archipiélago (m)	argipel	[arχipəl]

bahía (f)	baai	[bāi]
ensenada, bahía (f)	hawe	[havə]
laguna (f)	strandmeer	[strand·meər]
cabo (m)	kaap	[kāp]

atolón (m)	atol	[atol]
arrecife (m)	rif	[rif]
coral (m)	koraal	[korāl]
arrecife (m) de coral	koraalrif	[korāl·rif]

profundo (adj)	diep	[dip]
profundidad (f)	diepte	[diptə]
abismo (m)	afgrond	[afχront]
fosa (f) oceánica	trog	[troχ]

corriente (f)	stroming	[stromiŋ]
bañar (rodear)	omring	[omriŋ]

orilla (f)	oewer	[uvər]
costa (f)	kus	[kus]
flujo (m)	hoogwater	[hoəχ·vatər]
reflujo (m)	laagwater	[lāχ·vatər]
banco (m) de arena	sandbank	[sand·bank]
fondo (m)	bodem	[bodem]
ola (f)	golf	[χolf]
cresta (f) de la ola	kruin	[krœin]
espuma (f)	skuim	[skœim]
tempestad (f)	storm	[storm]
huracán (m)	orkaan	[orkān]
tsunami (m)	tsunami	[tsunami]
bonanza (f)	windstilte	[vindstiltə]
calmo, tranquilo	kalm	[kalm]
polo (m)	pool	[poəl]
polar (adj)	polêr	[polær]
latitud (f)	breedtegraad	[breedtə·χrāt]
longitud (f)	lengtegraad	[leŋtə·χrāt]
paralelo (m)	parallel	[paralləl]
ecuador (m)	ewenaar	[ɛvenār]
cielo (m)	hemel	[heməl]
horizonte (m)	horison	[horison]
aire (m)	lug	[luχ]
faro (m)	vuurtoring	[fɪrtoriŋ]
bucear (vi)	duik	[dœik]
hundirse (vr)	sink	[sink]
tesoros (m pl)	skatte	[skattə]

126. Los nombres de los mares y los océanos

océano (m) Atlántico	Atlantiese oseaan	[atlantisə oseān]
océano (m) Índico	Indiese Oseaan	[indisə oseān]
océano (m) Pacífico	Stille Oseaan	[stillə oseān]
océano (m) Glacial Ártico	Noordelike Yssee	[noərdelikə ajs·see]
mar (m) Negro	Swart See	[swart see]
mar (m) Rojo	Rooi See	[roj see]
mar (m) Amarillo	Geel See	[χeəl see]
mar (m) Blanco	Witsee	[vit·see]
mar (m) Caspio	Kaspiese See	[kaspisə see]
mar (m) Muerto	Dooie See	[doje see]
mar (m) Mediterráneo	Middellandse See	[middəllandsə see]
mar (m) Egeo	Egeïese See	[ɛχejesə see]
mar (m) Adriático	Adriatiese See	[adriatisə see]
mar (m) Arábigo	Arabiese See	[arabisə see]

mar (m) del Japón	Japanse See	[japaŋsə seə]
mar (m) de Bering	Beringsee	[beriŋ·seə]
mar (m) de la China Meridional	Suid-Sjinese See	[sœid-ʃinesə seə]

mar (m) del Coral	Koraalsee	[korāl·seə]
mar (m) de Tasmania	Tasmansee	[tasmaŋ·seə]
mar (m) Caribe	Karibiese See	[karibisə seə]

| mar (m) de Barents | Barentssee | [barents·seə] |
| mar (m) de Kara | Karasee | [kara·seə] |

mar (m) del Norte	Noordsee	[noərd·seə]
mar (m) Báltico	Baltiese See	[baltisə seə]
mar (m) de Noruega	Noorse See	[noərsə seə]

127. Las montañas

montaña (f)	berg	[berχ]
cadena (f) de montañas	bergreeks	[berχ·reəks]
cresta (f) de montañas	bergrug	[berχ·ruχ]

cima (f)	top	[top]
pico (m)	piek	[pik]
pie (m)	voet	[fut]
cuesta (f)	helling	[hɛlliŋ]

volcán (m)	vulkaan	[fulkān]
volcán (m) activo	aktiewe vulkaan	[aktivə fulkān]
volcán (m) apagado	rustende vulkaan	[rustendə fulkān]

erupción (f)	uitbarsting	[œitbarstiŋ]
cráter (m)	krater	[kratər]
magma (m)	magma	[maχma]
lava (f)	lawa	[lava]
fundido (lava ~a)	gloeiende	[χlujendə]

cañón (m)	diepkloof	[dip·kloəf]
desfiladero (m)	kloof	[kloəf]
grieta (f)	skeur	[skøər]
precipicio (m)	afgrond	[afχront]

puerto (m) (paso)	bergpas	[berχ·pas]
meseta (f)	plato	[plato]
roca (f)	krans	[kraŋs]
colina (f)	kop	[kop]

glaciar (m)	gletser	[χletsər]
cascada (f)	waterval	[vatər·fal]
geiser (m)	geiser	[χæjsər]
lago (m)	meer	[meər]

| llanura (f) | vlakte | [flaktə] |
| paisaje (m) | landskap | [landskap] |

eco (m)	eggo	[εχχo]
alpinista (m)	alpinis	[alpinis]
escalador (m)	bergklimmer	[berχ·klimmər]
conquistar (vt)	baasraak	[bāsrāk]
ascensión (f)	beklimming	[beklimmiŋ]

128. Los nombres de las montañas

Alpes (m pl)	die Alpe	[di alpə]
Montblanc (m)	Mont Blanc	[mon blan]
Pirineos (m pl)	die Pireneë	[di pireneε]
Cárpatos (m pl)	die Karpate	[di karpatə]
Urales (m pl)	die Oeralgebergte	[di ural·χəberχtə]
Cáucaso (m)	die Koukasus Gebergte	[di kæʊkasus χəberχtə]
Elbrus (m)	Elbroes	[εlbrus]
Altai (m)	die Altai-gebergte	[di altaj-χəberχtə]
Tian-Shan (m)	die Tian Shan	[di tian ʃan]
Pamir (m)	die Pamir	[di pamir]
Himalayos (m pl)	die Himalajas	[di himalajas]
Everest (m)	Everest	[εverest]
Andes (m pl)	die Andes	[di andes]
Kilimanjaro (m)	Kilimanjaro	[kilimandʒaro]

129. Los ríos

río (m)	rivier	[rifir]
manantial (m)	bron	[bron]
lecho (m) (curso de agua)	rivierbed	[rifir·bet]
cuenca (f) fluvial	stroomgebied	[stroəm·χebit]
desembocar en ...	uitmond in ...	[œitmont in ...]
afluente (m)	syrivier	[saj·rifir]
ribera (f)	oewer	[uvər]
corriente (f)	stroming	[strominŋ]
río abajo (adv)	stroomafwaarts	[stroəm·afvārts]
río arriba (adv)	stroomopwaarts	[stroəm·opvārts]
inundación (f)	oorstroming	[oərstrominŋ]
riada (f)	oorstroming	[oərstrominŋ]
desbordarse (vr)	oor sy walle loop	[oər saj vallə loəp]
inundar (vt)	oorstroom	[oərstroəm]
bajo (m) arenoso	sandbank	[sand·bank]
rápido (m)	stroomversnellings	[stroəm·fersnεlliŋs]
presa (f)	damwal	[dam·wal]
canal (m)	kanaal	[kanāl]
lago (m) artificiale	opgaardam	[opχār·dam]

esclusa (f)	sluis	[slœis]
cuerpo (m) de agua	dam	[dam]
pantano (m)	moeras	[muras]
ciénaga (f)	vlei	[flæj]
remolino (m)	draaikolk	[drāj·kolk]
arroyo (m)	spruit	[sprœit]
potable (adj)	drink-	[drink-]
dulce (agua ~)	vars	[fars]
hielo (m)	ys	[ajs]
helarse (el lago, etc.)	bevries	[befris]

130. Los nombres de los ríos

Sena (m)	Seine	[sæjn]
Loira (m)	Loire	[lua:r]
Támesis (m)	Teems	[tems]
Rin (m)	Ryn	[rajn]
Danubio (m)	Donau	[donɔu]
Volga (m)	Wolga	[volga]
Don (m)	Don	[don]
Lena (m)	Lena	[lena]
Río (m) Amarillo	Geel Rivier	[xeəl rifir]
Río (m) Azul	Blou Rivier	[blæʊ rifir]
Mekong (m)	Mekong	[mekoŋ]
Ganges (m)	Ganges	[xaŋəs]
Nilo (m)	Nyl	[najl]
Congo (m)	Kongorivier	[kongo·rifir]
Okavango (m)	Okavango	[okavango]
Zambeze (m)	Zambezi	[sambesi]
Limpopo (m)	Limpopo	[limpopo]
Misisipi (m)	Mississippi	[mississippi]

131. El bosque

bosque (m)	bos	[bos]
de bosque (adj)	bos-	[bos-]
espesura (f)	woud	[væʊt]
bosquecillo (m)	boord	[boərt]
claro (m)	oopte	[oəptə]
maleza (f)	struikgewas	[strœik·xevas]
matorral (m)	struikveld	[strœik·fɛlt]
senda (f)	paadjie	[pādʒi]
barranco (m)	donga	[donxa]

árbol (m)	boom	[boəm]
hoja (f)	blaar	[blãr]
follaje (m)	blare	[blarə]
caída (f) de hojas	val van die blare	[fal fan di blarə]
caer (las hojas)	val	[fal]
cima (f)	boomtop	[boəm·top]
rama (f)	tak	[tak]
rama (f) (gruesa)	tak	[tak]
brote (m)	knop	[knop]
aguja (f)	naald	[nãlt]
piña (f)	dennebol	[dɛnnə·bol]
agujero (m)	holte	[holtə]
nido (m)	nes	[nes]
tronco (m)	stam	[stam]
raíz (f)	wortel	[vortəl]
corteza (f)	bas	[bas]
musgo (m)	mos	[mos]
extirpar (vt)	ontwortel	[ontwortəl]
talar (vt)	omkap	[omkap]
deforestar (vt)	ontbos	[ontbos]
tocón (m)	boomstomp	[boəm·stomp]
hoguera (f)	kampvuur	[kampfɪr]
incendio (m) forestal	bosbrand	[bos·brant]
apagar (~ el incendio)	blus	[blus]
guarda (m) forestal	boswagter	[bos·waχtər]
protección (f)	beskerming	[beskermiŋ]
proteger (vt)	beskerm	[beskerm]
cazador (m) furtivo	wildstroper	[vilt·stropər]
cepo (m)	slagyster	[slaχ·ajstər]
recoger (setas, bayas)	pluk	[pluk]
perderse (vr)	verdwaal	[ferdwãl]

132. Los recursos naturales

recursos (m pl) naturales	natuurlike bronne	[natɪrlikə bronnə]
recursos (m pl) subterráneos	minerale	[mineralə]
depósitos (m pl)	lae	[laə]
yacimiento (m)	veld	[fɛlt]
extraer (vt)	myn	[majn]
extracción (f)	myn	[majn]
mena (f)	erts	[ɛrts]
mina (f)	myn	[majn]
pozo (m) de mina	mynskag	[majn·skaχ]
minero (m)	mynwerker	[majn·werkər]
gas (m)	gas	[χas]

Español	Afrikáans	Pronunciación
gasoducto (m)	gaspyp	[χas·pajp]
petróleo (m)	olie	[oli]
oleoducto (m)	olipypleiding	[oli·pajp·læjdiŋ]
pozo (m) de petróleo	oliebron	[oli·bron]
torre (f) de sondeo	boortoring	[boər·toriŋ]
petrolero (m)	tenkskip	[tɛnk·skip]
arena (f)	sand	[sant]
caliza (f)	kalksteen	[kalksteən]
grava (f)	gruis	[χrœis]
turba (f)	veengrond	[feənχront]
arcilla (f)	klei	[klæj]
carbón (m)	steenkool	[steən·koəl]
hierro (m)	yster	[ajstər]
oro (m)	goud	[χæʊt]
plata (f)	silwer	[silwər]
níquel (m)	nikkel	[nikkəl]
cobre (m)	koper	[kopər]
zinc (m)	sink	[sink]
manganeso (m)	mangaan	[manχān]
mercurio (m)	kwik	[kwik]
plomo (m)	lood	[loət]
mineral (m)	mineraal	[minerāl]
cristal (m)	kristal	[kristal]
mármol (m)	marmer	[marmər]
uranio (m)	uraan	[urān]

La tierra. Unidad 2

133. El tiempo

tiempo (m)	weer	[veər]
previsión (f) del tiempo	weersvoorspelling	[veərs·foərspɛllin]
temperatura (f)	temperatuur	[temperatɪr]
termómetro (m)	termometer	[termometər]
barómetro (m)	barometer	[barometər]
húmedo (adj)	klam	[klam]
humedad (f)	vogtigheid	[foχtiχæjt]
bochorno (m)	hitte	[hittə]
tórrido (adj)	heet	[heət]
hace mucho calor	dis vrekwarm	[dis frekvarm]
hace calor (templado)	dit is warm	[dit is varm]
templado (adj)	louwarm	[læʊvarm]
hace frío	dis koud	[dis kæʊt]
frío (adj)	koud	[kæʊt]
sol (m)	son	[son]
brillar (vi)	skyn	[skajn]
soleado (un día ~)	sonnig	[sonnəχ]
elevarse (el sol)	opkom	[opkom]
ponerse (vr)	ondergaan	[ondərχān]
nube (f)	wolk	[volk]
nuboso (adj)	bewolk	[bevolk]
nubarrón (m)	reënwolk	[rɛɛn·wolk]
nublado (adj)	somber	[sombər]
lluvia (f)	reën	[rɛɛn]
está lloviendo	dit reën	[dit rɛɛn]
lluvioso (adj)	reënerig	[rɛɛnerəχ]
lloviznar (vi)	motreën	[motrɛɛn]
aguacero (m)	stortbui	[stortbœi]
chaparrón (m)	reënvlaag	[rɛɛn·flāχ]
fuerte (la lluvia ~)	swaar	[swār]
charco (m)	poeletjie	[puləki]
mojarse (vr)	nat word	[nat vort]
niebla (f)	mis	[mis]
nebuloso (adj)	mistig	[mistəχ]
nieve (f)	sneeu	[sniʊ]
está nevando	dit sneeu	[dit sniʊ]

134. Los eventos climáticos severos. Los desastres naturales

tormenta (f)	donderstorm	[dondər·storm]
relámpago (m)	weerlig	[veərləχ]
relampaguear (vi)	flits	[flits]
trueno (m)	donder	[dondər]
tronar (vi)	donder	[dondər]
está tronando	dit donder	[dit dondər]
granizo (m)	hael	[haəl]
está granizando	dit hael	[dit haəl]
inundar (vt)	oorstroom	[oərstroəm]
inundación (f)	oorstroming	[oərstromiŋ]
terremoto (m)	aardbewing	[ãrd·beviŋ]
sacudida (f)	aardskok	[ãrd·skok]
epicentro (m)	episentrum	[ɛpisentrum]
erupción (f)	uitbarsting	[œitbarstiŋ]
lava (f)	lawa	[lava]
torbellino (m), tornado (m)	tornado	[tornado]
tifón (m)	tifoon	[tifoən]
huracán (m)	orkaan	[orkãn]
tempestad (f)	storm	[storm]
tsunami (m)	tsunami	[tsunami]
ciclón (m)	sikloon	[sikloən]
mal tiempo (m)	slegte weer	[slɛχtə veər]
incendio (m)	brand	[brant]
catástrofe (f)	ramp	[ramp]
meteorito (m)	meteoriet	[meteorit]
avalancha (f)	lawine	[lavinə]
alud (m) de nieve	sneeulawine	[sniʊ·lavinə]
ventisca (f)	sneeustorm	[sniʊ·storm]
nevasca (f)	sneeustorm	[sniʊ·storm]

La fauna

135. Los mamíferos. Los predadores

carnívoro (m)	roofdier	[roef·dir]
tigre (m)	tier	[tir]
león (m)	leeu	[liu]
lobo (m)	wolf	[volf]
zorro (m)	vos	[fos]
jaguar (m)	jaguar	[jaχuar]
leopardo (m)	luiperd	[lœipert]
guepardo (m)	jagluiperd	[jaχ·lœipert]
pantera (f)	swart luiperd	[swart lœipert]
puma (f)	poema	[puma]
leopardo (m) de las nieves	sneeuluiperd	[sniu·lœipert]
lince (m)	los	[los]
coyote (m)	prêriewolf	[præri·volf]
chacal (m)	jakkals	[jakkals]
hiena (f)	hiëna	[hiɛna]

136. Los animales salvajes

animal (m)	dier	[dir]
bestia (f)	beest	[beəst]
ardilla (f)	eekhoring	[eəkhoriŋ]
erizo (m)	krimpvarkie	[krimpfarki]
liebre (f)	hasie	[hasi]
conejo (m)	konyn	[konajn]
tejón (m)	das	[das]
mapache (m)	wasbeer	[vasbeər]
hámster (m)	hamster	[hamstər]
marmota (f)	marmot	[marmot]
topo (m)	mol	[mol]
ratón (m)	muis	[mœis]
rata (f)	rot	[rot]
murciélago (m)	vlermuis	[fler·mœis]
armiño (m)	hermelyn	[hermǝlajn]
cebellina (f)	sabel, sabeldier	[sabǝl], [sabǝl·dir]
marta (f)	marter	[martǝr]
comadreja (f)	wesel	[vesǝl]
visón (m)	nerts	[nerts]

castor (m)	bewer	[bewər]
nutria (f)	otter	[ottər]
caballo (m)	perd	[pert]
alce (m)	eland	[ɛlant]
ciervo (m)	hert	[hert]
camello (m)	kameel	[kameəl]
bisonte (m)	bison	[bison]
uro (m)	wisent	[visent]
búfalo (m)	buffel	[buffəl]
cebra (f)	sebra, kwagga	[sebra], [kwaχχa]
antílope (m)	wildsbok	[vilds·bok]
corzo (m)	reebok	[reəbok]
gamo (m)	damhert	[damhert]
gamuza (f)	gems	[χems]
jabalí (m)	wildevark	[vildə·fark]
ballena (f)	walvis	[valfis]
foca (f)	seehond	[seə·hont]
morsa (f)	walrus	[valrus]
oso (m) marino	seebeer	[seə·beər]
delfín (m)	dolfyn	[dolfajn]
oso (m)	beer	[beər]
oso (m) blanco	ysbeer	[ajs·beər]
panda (f)	panda	[panda]
mono (m)	aap	[āp]
chimpancé (m)	sjimpansee	[ʃimpaŋseə]
orangután (m)	orangoetang	[oranχutaŋ]
gorila (m)	gorilla	[χorilla]
macaco (m)	makaak	[makāk]
gibón (m)	gibbon	[χibbon]
elefante (m)	olifant	[olifant]
rinoceronte (m)	renoster	[renostər]
jirafa (f)	kameelperd	[kameəl·pert]
hipopótamo (m)	seekoei	[seə·kui]
canguro (m)	kangaroe	[kanχaru]
koala (f)	koala	[koala]
mangosta (f)	muishond	[mœis·hont]
chinchilla (f)	chinchilla, tjintjilla	[tʃin·tʃila]
mofeta (f)	stinkmuishond	[stinkmœis·hont]
espín (m)	ystervark	[ajstər·fark]

137. Los animales domésticos

gata (f)	kat	[kat]
gato (m)	kater	[katər]
perro (m)	hond	[hont]

caballo (m)	perd	[pert]
garañón (m)	hings	[hiŋs]
yegua (f)	merrie	[merri]
vaca (f)	koei	[kui]
toro (m)	bul	[bul]
buey (m)	os	[os]
oveja (f)	skaap	[skãp]
carnero (m)	ram	[ram]
cabra (f)	bok	[bok]
cabrón (m)	bokram	[bok·ram]
asno (m)	donkie, esel	[donki], [eisəl]
mulo (m)	muil	[mœil]
cerdo (m)	vark	[fark]
cerdito (m)	varkie	[farki]
conejo (m)	konyn	[konajn]
gallina (f)	hoender, hen	[hundər], [hen]
gallo (m)	haan	[hãn]
pato (m)	eend	[eent]
ánade (m)	mannetjieseend	[mannəkis·eent]
ganso (m)	gans	[χaŋs]
pavo (m)	kalkoenmannetjie	[kalkun·mannəki]
pava (f)	kalkoen	[kalkun]
animales (m pl) domésticos	huisdiere	[hœis·dirə]
domesticado (adj)	mak	[mak]
domesticar (vt)	mak maak	[mak mãk]
criar (vt)	teel	[teəl]
granja (f)	plaas	[plãs]
aves (f pl) de corral	pluimvee	[plœimfeə]
ganado (m)	beeste	[beestə]
rebaño (m)	kudde	[kuddə]
caballeriza (f)	stal	[stal]
porqueriza (f)	varkstal	[fark·stal]
vaquería (f)	koeistal	[kui·stal]
conejal (m)	konynehok	[konajnə·hok]
gallinero (m)	hoenderhok	[hundər·hok]

138. Los pájaros

pájaro (m)	voël	[foɛl]
paloma (f)	duif	[dœif]
gorrión (m)	mossie	[mossi]
carbonero (m)	mees	[meəs]
urraca (f)	ekster	[ɛkstər]
cuervo (m)	raaf	[rãf]

corneja (f)	kraai	[krāi]
chova (f)	kerkkraai	[kerk·krāi]
grajo (m)	roek	[ruk]

pato (m)	eend	[eent]
ganso (m)	gans	[χaŋs]
faisán (m)	fisant	[fisant]

águila (f)	arend	[arɛnt]
azor (m)	sperwer	[sperwər]
halcón (m)	valk	[falk]
buitre (m)	aasvoël	[āsfoɛl]
cóndor (m)	kondor	[kondor]

cisne (m)	swaan	[swān]
grulla (f)	kraanvoël	[krān·foɛl]
cigüeña (f)	ooievaar	[ojefār]

loro (m), papagayo (m)	papegaai	[papəχāi]
colibrí (m)	kolibrie	[kolibri]
pavo (m) real	pou	[pæʊ]

avestruz (m)	volstruis	[folstrœis]
garza (f)	reier	[ræjer]
flamenco (m)	flamink	[flamink]
pelícano (m)	pelikaan	[pelikān]

| ruiseñor (m) | nagtegaal | [naχteχāl] |
| golondrina (f) | swael | [swaəl] |

tordo (m)	lyster	[lajstər]
zorzal (m)	sanglyster	[saŋlajstər]
mirlo (m)	merel	[merəl]

vencejo (m)	windswael	[vindswaəl]
alondra (f)	lewerik	[leverik]
codorniz (f)	kwartel	[kwartəl]

pájaro carpintero (m)	speg	[speχ]
cuco (m)	koekoek	[kukuk]
lechuza (f)	uil	[œil]
búho (m)	ooruil	[oərœil]
urogallo (m)	auerhoen	[ɔuer·hun]
gallo lira (m)	korhoen	[korhun]
perdiz (f)	patrys	[patrajs]

estornino (m)	spreeu	[spriʊ]
canario (m)	kanarie	[kanari]
ortega (f)	bonasa hoen	[bonasa hun]

| pinzón (m) | gryskoppie | [χrajskoppi] |
| camachuelo (m) | bloedvink | [bludfink] |

gaviota (f)	seemeeu	[seəmiʊ]
albatros (m)	albatros	[albatros]
pingüino (m)	pikkewyn	[pikkəvajn]

139. Los peces. Los animales marinos

brema (f)	brasem	[brasem]
carpa (f)	karp	[karp]
perca (f)	baars	[bɑ̃rs]
siluro (m)	katvis, seebaber	[katfis], [seə·babər]
lucio (m)	snoek	[snuk]

salmón (m)	salm	[salm]
esturión (m)	steur	[støər]

arenque (m)	haring	[hariŋ]
salmón (m) del Atlántico	atlantiese salm	[atlantisə salm]
caballa (f)	makriel	[makril]
lenguado (m)	platvis	[platfis]

lucioperca (f)	varswatersnoek	[farswatər·snuk]
bacalao (m)	kabeljou	[kabeljæʊ]
atún (m)	tuna	[tuna]
trucha (f)	forel	[forəl]

anguila (f)	paling	[paliŋ]
raya (f) eléctrica	drilvis	[drilfis]
morena (f)	bontpaling	[bontpaliŋ]
piraña (f)	piranha	[piranha]

tiburón (m)	haai	[hãi]
delfín (m)	dolfyn	[dolfajn]
ballena (f)	walvis	[valfis]

centolla (f)	krap	[krap]
medusa (f)	jellievis	[jelli·fis]
pulpo (m)	seekat	[seə·kat]

estrella (f) de mar	seester	[seə·stər]
erizo (m) de mar	see-egel, seekastaiing	[seə-eχel], [seə·kastajiŋ]
caballito (m) de mar	seeperdjie	[seə·perdʒi]

ostra (f)	oester	[ustər]
camarón (m)	garnaal	[χarnãl]
bogavante (m)	kreef	[kreəf]
langosta (f)	seekreef	[seə·kreəf]

140. Los anfibios. Los reptiles

serpiente (f)	slang	[slaŋ]
venenoso (adj)	giftig	[χiftəχ]

víbora (f)	adder	[addər]
cobra (f)	kobra	[kobra]
pitón (m)	luislang	[lœislaŋ]
boa (f)	boa, konstriktorslang	[boa], [kɔnstriktor·slaŋ]
culebra (f)	ringslang	[riŋ·slaŋ]

| serpiente (m) de cascabel | ratelslang | [ratəl·slaŋ] |
| anaconda (f) | anakonda | [anakonda] |

lagarto (m)	akkedis	[akkedis]
iguana (f)	leguaan	[leχuãn]
varano (m)	likkewaan	[likkevãn]
salamandra (f)	salamander	[salamandər]
camaleón (m)	verkleurmannetjie	[ferkløər·manneki]
escorpión (m)	skerpioen	[skerpiun]

tortuga (f)	skilpad	[skilpat]
rana (f)	padda	[padda]
sapo (m)	brulpadda	[brul·padda]
cocodrilo (m)	krokodil	[krokodil]

141. Los insectos

insecto (m)	insek	[insek]
mariposa (f)	skoenlapper	[skunlappər]
hormiga (f)	mier	[mir]
mosca (f)	vlieg	[fliχ]
mosquito (m) (picadura de ~)	muskiet	[muskit]
escarabajo (m)	kewer	[kevər]

avispa (f)	perdeby	[perdə·baj]
abeja (f)	by	[baj]
abejorro (m)	hommelby	[hommǝl·baj]
moscardón (m)	perdevlieg	[perdə·fliχ]

| araña (f) | spinnekop | [spinnə·kop] |
| telaraña (f) | spinnerak | [spinnə·rak] |

libélula (f)	naaldekoker	[nãldə·kokər]
saltamontes (m)	sprinkaan	[sprinkãn]
mariposa (f) nocturna	mot	[mot]

cucaracha (f)	kakkerlak	[kakkerlak]
garrapata (f)	bosluis	[boslœis]
pulga (f)	vlooi	[floj]
mosca (f) negra	muggie	[muχχi]

langosta (f)	treksprinkhaan	[trek·sprinkhãn]
caracol (m)	slak	[slak]
grillo (m)	kriek	[krik]
luciérnaga (f)	vuurvliegie	[fɪrfliχi]
mariquita (f)	lieweheersbesie	[liveheers·besi]
sanjuanero (m)	lentekewer	[lentekevər]

sanguijuela (f)	bloedsuier	[blud·sœiər]
oruga (f)	ruspe	[ruspə]
lombriz (m) de tierra	erdwurm	[ɛrd·vurm]
larva (f)	larwe	[larvə]

La flora

142. Los árboles

árbol (m)	boom	[boəm]
foliáceo (adj)	bladwisselend	[bladwisselent]
conífero (adj)	kegeldraend	[keχɛldraent]
de hoja perenne	immergroen	[immərχrun]
manzano (m)	appelboom	[appɛl·boəm]
peral (m)	peerboom	[peər·boəm]
cerezo (m)	soetkersieboom	[sutkersi·boəm]
guindo (m)	suurkersieboom	[sɪrkersi·boəm]
ciruelo (m)	pruimeboom	[prœimə·boəm]
abedul (m)	berk	[berk]
roble (m)	eik	[æjk]
tilo (m)	lindeboom	[lində·boəm]
pobo (m)	trilpopulier	[trilpopulir]
arce (m)	esdoring	[ɛsdoriŋ]
pícea (f)	spar	[spar]
pino (m)	denneboom	[dɛnnə·boəm]
alerce (m)	lorkeboom	[lorkə·boəm]
abeto (m)	den	[den]
cedro (m)	seder	[sedər]
álamo (m)	populier	[populir]
serbal (m)	lysterbessie	[lajstərbɛssi]
sauce (m)	wilger	[vilχər]
aliso (m)	els	[ɛls]
haya (f)	beuk	[bøək]
olmo (m)	olm	[olm]
fresno (m)	esboom	[ɛs·boəm]
castaño (m)	kastaiing	[kastajiŋ]
magnolia (f)	magnolia	[maχnolia]
palmera (f)	palm	[palm]
ciprés (m)	sipres	[sipres]
mangle (m)	wortelboom	[vortəl·boəm]
baobab (m)	kremetart	[kremetart]
eucalipto (m)	bloekom	[blukom]
secoya (f)	mammoetboom	[mammut·boəm]

143. Los arbustos

mata (f)	struik	[strœik]
arbusto (m)	bossie	[bossi]

Español	Afrikáans	Pronunciación
vid (f)	wingerdstok	[viŋərd·stok]
viñedo (m)	wingerd	[viŋərt]
frambueso (m)	framboosstruik	[framboəs·strœik]
grosellero (m) negro	swartbessiestruik	[swartbɛssi·strœik]
grosellero (m) rojo	rooi aalbessiestruik	[roj ālbɛssi·strœik]
grosellero (m) espinoso	appeliefiestruik	[appɛlifi·strœik]
acacia (f)	akasia	[akasia]
berberís (m)	suurbessie	[sɪr·bɛssi]
jazmín (m)	jasmyn	[jasmajn]
enebro (m)	jenewer	[jenevər]
rosal (m)	roosstruik	[roəs·strœik]
escaramujo (m)	hondsroos	[honds·roəs]

144. Las frutas. Las bayas

Español	Afrikáans	Pronunciación
fruto (m)	vrug	[fruχ]
frutos (m pl)	vrugte	[fruχtə]
manzana (f)	appel	[appəl]
pera (f)	peer	[peər]
ciruela (f)	pruim	[prœim]
fresa (f)	aarbei	[ārbæj]
guinda (f)	suurkersie	[sɪr·kersi]
cereza (f)	soetkersie	[sut·kersi]
uva (f)	druif	[drœif]
frambuesa (f)	framboos	[framboəs]
grosella (f) negra	swartbessie	[swartbɛssi]
grosella (f) roja	rooi aalbessie	[roj ālbɛssi]
grosella (f) espinosa	appeliefie	[appɛlifi]
arándano (m) agrio	bosbessie	[bosbɛssi]
naranja (f)	lemoen	[lemun]
mandarina (f)	nartjie	[narki]
piña (f)	pynappel	[pajnappəl]
banana (f)	piesang	[pisaŋ]
dátil (m)	dadel	[dadəl]
limón (m)	suurlemoen	[sɪr·lemun]
albaricoque (m)	appelkoos	[appɛlkoəs]
melocotón (m)	perske	[perskə]
kiwi (m)	kiwi, kiwivrug	[kivi], [kivi·fruχ]
toronja (f)	pomelo	[pomelo]
baya (f)	bessie	[bɛssi]
bayas (f pl)	bessies	[bɛssis]
arándano (m) rojo	pryselbessie	[prajsɛlbɛssi]
fresa (f) silvestre	wilde aarbei	[vildə ārbæj]
arándano (m)	bloubessie	[blæubɛssi]

145. Las flores. Las plantas

flor (f)	blom	[blom]
ramo (m) de flores	boeket	[buket]
rosa (f)	roos	[roəs]
tulipán (m)	tulp	[tulp]
clavel (m)	angelier	[anχəlir]
gladiolo (m)	swaardlelie	[swārd·leli]
aciano (m)	koringblom	[koriŋblom]
campanilla (f)	grasklokkie	[χras·klokki]
diente (m) de león	perdeblom	[perdə·blom]
manzanilla (f)	kamille	[kamillə]
áloe (m)	aalwyn	[ālwajn]
cacto (m)	kaktus	[kaktus]
ficus (m)	rubberplant	[rubbər·plant]
azucena (f)	lelie	[leli]
geranio (m)	malva	[malfa]
jacinto (m)	hiasint	[hiasint]
mimosa (f)	mimosa	[mimosa]
narciso (m)	narsing	[narsiŋ]
capuchina (f)	kappertjie	[kapperki]
orquídea (f)	orgidee	[orχideə]
peonía (f)	pinksterroos	[pinkstər·roəs]
violeta (f)	viooltjie	[fioəlki]
trinitaria (f)	gesiggie	[χesiχi]
nomeolvides (f)	vergeet-my-nietjie	[ferχeət-maj-niki]
margarita (f)	madeliefie	[madelifi]
amapola (f)	papawer	[papavər]
cáñamo (m)	hennep	[hɛnnəp]
menta (f)	kruisement	[krœisəment]
muguete (m)	dallelie	[dalleli]
campanilla (f) de las nieves	sneeuklokkie	[sniu·klokki]
ortiga (f)	brandnetel	[brant·netəl]
acedera (f)	veldsuring	[fɛltsuriŋ]
nenúfar (m)	waterlelie	[vatər·leli]
helecho (m)	varing	[fariŋ]
liquen (m)	korsmos	[korsmos]
invernadero (m) tropical	broeikas	[bruikas]
césped (m)	grasperk	[χras·perk]
macizo (m) de flores	blombed	[blom·bet]
planta (f)	plant	[plant]
hierba (f)	gras	[χras]
hoja (f) de hierba	grasspriet	[χras·sprit]

hoja (f)	blaar	[blār]
pétalo (m)	kroonblaar	[kroən·blār]
tallo (m)	stingel	[stiŋəl]
tubérculo (m)	knol	[knol]
retoño (m)	saailing	[sājliŋ]
espina (f)	doring	[doriŋ]
florecer (vi)	bloei	[blui]
marchitarse (vr)	verlep	[ferlep]
olor (m)	reuk	[røək]
cortar (vt)	sny	[snaj]
coger (una flor)	pluk	[pluk]

146. Los cereales, los granos

grano (m)	graan	[χrān]
cereales (m pl) (plantas)	graangewasse	[χrān·χəwassə]
espiga (f)	aar	[ār]
trigo (m)	koring	[koriŋ]
centeno (m)	rog	[roχ]
avena (f)	hawer	[havər]
mijo (m)	gierst	[χirst]
cebada (f)	gars	[χars]
maíz (m)	mielie	[mili]
arroz (m)	rys	[rajs]
alforfón (m)	bokwiet	[bokwit]
guisante (m)	ertjie	[ɛrki]
fréjol (m)	nierboon	[nir·boən]
soya (f)	soja	[soja]
lenteja (f)	lensie	[lɛŋsi]
habas (f pl)	boontjies	[boənkis]

LOS PAÍSES. LAS NACIONALIDADES

147. Europa occidental

Europa (f)	Europa	[øəropa]
Unión (f) Europea	Europese Unie	[øəropesə uni]
Austria (f)	Oostenryk	[oəstenrajk]
Gran Bretaña (f)	Groot-Brittanje	[χroət-brittanje]
Inglaterra (f)	Engeland	[ɛŋəlant]
Bélgica (f)	België	[belχiɛ]
Alemania (f)	Duitsland	[dœitslant]
Países Bajos (m pl)	Nederland	[nedərlant]
Holanda (f)	Holland	[hollant]
Grecia (f)	Griekeland	[χrikəlant]
Dinamarca (f)	Denemarke	[denemarkə]
Irlanda (f)	Ierland	[irlant]
Islandia (f)	Ysland	[ajslant]
España (f)	Spanje	[spanje]
Italia (f)	Italië	[italiɛ]
Chipre (m)	Ciprus	[siprus]
Malta (f)	Malta	[malta]
Noruega (f)	Noorweë	[noərweɛ]
Portugal (m)	Portugal	[portuχal]
Finlandia (f)	Finland	[finlant]
Francia (f)	Frankryk	[frankrajk]
Suecia (f)	Swede	[swedə]
Suiza (f)	Switserland	[switsərlant]
Escocia (f)	Skotland	[skotlant]
Vaticano (m)	Vatikaan	[fatikãn]
Liechtenstein (m)	Lichtenstein	[liχtɛŋstejn]
Luxemburgo (m)	Luksemburg	[luksemburχ]
Mónaco (m)	Monako	[monako]

148. Europa central y oriental

Albania (f)	Albanië	[albaniɛ]
Bulgaria (f)	Bulgarye	[bulχaraje]
Hungría (f)	Hongarye	[honχaraje]
Letonia (f)	Letland	[letlant]
Lituania (f)	Litoue	[litæʋə]
Polonia (f)	Pole	[polə]

Rumania (f)	Roemenië	[rumeniɛ]
Serbia (f)	Serwië	[serwiɛ]
Eslovaquia (f)	Slowakye	[slovakaje]

Croacia (f)	Kroasië	[kroasiɛ]
Chequia (f)	Tjeggië	[tʃeχiɛ]
Estonia (f)	Estland	[ɛstlant]

Bosnia y Herzegovina	Bosnië & Herzegowina	[bosniɛ en hersegovina]
Macedonia	Masedonië	[masedoniɛ]
Eslovenia	Slovenië	[slofeniɛ]
Montenegro (m)	Montenegro	[montənegro]

149. Los países de la antes Unión Soviética

| Azerbaiyán (m) | Azerbeidjan | [azerbæjdjan] |
| Armenia (f) | Armenië | [armeniɛ] |

Bielorrusia (f)	Belarus	[belarus]
Georgia (f)	Georgië	[χeorχiɛ]
Kazajstán (m)	Kazakstan	[kasakstan]
Kirguizistán (m)	Kirgisië	[kirχisiɛ]
Moldavia (f)	Moldawië	[moldaviɛ]

| Rusia (f) | Rusland | [ruslant] |
| Ucrania (f) | Oekraïne | [ukraïnə] |

Tayikistán (m)	Tadjikistan	[tadʒikistan]
Turkmenistán (m)	Turkmenistan	[turkmenistan]
Uzbekistán (m)	Oezbekistan	[uzbekistan]

150. Asia

Asia (f)	Asië	[asiɛ]
Vietnam (m)	Viëtnam	[vietnam]
India (f)	Indië	[indiɛ]
Israel (m)	Israel	[israəl]

China (f)	Sjina	[ʃina]
Líbano (m)	Libanon	[libanon]
Mongolia (f)	Mongolië	[monχoliɛ]

| Malasia (f) | Maleisië | [malæjsiɛ] |
| Pakistán (m) | Pakistan | [pakistan] |

Arabia (f) Saudita	Saoedi-Arabië	[saudi-arabiɛ]
Tailandia (f)	Thailand	[tajlant]
Taiwán (m)	Taiwan	[tajvan]
Turquía (f)	Turkye	[turkaje]

| Japón (m) | Japan | [japan] |
| Afganistán (m) | Afghanistan | [afχanistan] |

Bangladesh (m)	Bangladesj	[bangladeʃ]
Indonesia (f)	Indonesië	[indonesiɛ]
Jordania (f)	Jordanië	[jordaniɛ]

Irak (m)	Irak	[irak]
Irán (m)	Iran	[iran]
Camboya (f)	Kambodja	[kambodja]
Kuwait (m)	Kuwait	[kuvajt]

Laos (m)	Laos	[laos]
Myanmar (m)	Myanmar	[mjanmar]
Nepal (m)	Nepal	[nepal]
Emiratos (m pl) Árabes Unidos	Verenigde Arabiese Emirate	[fereniχdə arabisə emiratə]

Siria (f)	Sirië	[siriɛ]
Palestina (f)	Palestina	[palestina]
Corea (f) del Sur	Suid-Korea	[sœid-korea]
Corea (f) del Norte	Noord-Korea	[noərd-korea]

151. América del Norte

Estados Unidos de América (m pl)	Verenigde State van Amerika	[fereniχdə statə fan amerika]
Canadá (f)	Kanada	[kanada]
Méjico (m)	Meksiko	[meksiko]

152. Centroamérica y Sudamérica

Argentina (f)	Argentinië	[arχentiniɛ]
Brasil (m)	Brasilië	[brasiliɛ]
Colombia (f)	Colombia, Kolombië	[kolombia], [kolombiɛ]

| Cuba (f) | Kuba | [kuba] |
| Chile (m) | Chili | [tʃili] |

| Bolivia (f) | Bolivië | [boliviɛ] |
| Venezuela (f) | Venezuela | [fenesuela] |

| Paraguay (m) | Paraguay | [paragwaj] |
| Perú (m) | Peru | [peru] |

Surinam (m)	Suriname	[surinamə]
Uruguay (m)	Uruguay	[urugwaj]
Ecuador (m)	Ecuador	[ɛkuador]

| Islas (f pl) Bahamas | die Bahamas | [di bahamas] |
| Haití (m) | Haïti | [haïti] |

República (f) Dominicana	Dominikaanse Republiek	[dominikāŋsə republik]
Panamá (f)	Panama	[panama]
Jamaica (f)	Jamaika	[jamajka]

153. África

Egipto (m)	Egipte	[ɛxiptə]
Marruecos (m)	Marokko	[marokko]
Túnez (m)	Tunisië	[tunisiɛ]
Ghana (f)	Ghana	[xana]
Zanzíbar (m)	Zanzibar	[zanzibar]
Kenia (f)	Kenia	[kenia]
Libia (f)	Libië	[libiɛ]
Madagascar (m)	Madagaskar	[madaxaskar]
Namibia (f)	Namibië	[namibiɛ]
Senegal (m)	Senegal	[senexal]
Tanzania (f)	Tanzanië	[tansaniɛ]
República (f) Sudafricana	Suid-Afrika	[sœid-afrika]

154. Australia. Oceanía

Australia (f)	Australië	[oustraliɛ]
Nueva Zelanda (f)	Nieu-Seeland	[niu-seəlant]
Tasmania (f)	Tasmanië	[tasmaniɛ]
Polinesia (f) Francesa	Frans-Polinesië	[fraŋs-polinesiɛ]

155. Las ciudades

Ámsterdam	Amsterdam	[amsterdam]
Ankara	Ankara	[ankara]
Atenas	Athene	[atenə]
Bagdad	Bagdad	[baxdat]
Bangkok	Bangkok	[baŋkok]
Barcelona	Barcelona	[barselona]
Beirut	Beiroet	[bæjrut]
Berlín	Berlyn	[berlæjn]
Mumbai	Moembai	[mumbaj]
Bonn	Bonn	[bonn]
Bratislava	Bratislava	[bratislava]
Bruselas	Brussel	[brussəl]
Bucarest	Boekarest	[bukarest]
Budapest	Boedapest	[budapest]
Burdeos	Bordeaux	[bordo:]
El Cairo	Cairo	[kajro]
Calcuta	Kalkutta	[kalkutta]
Chicago	Chicago	[ʃikago]
Copenhague	Kopenhagen	[kopənxagen]
Dar-es-Salam	Dar-es-Salaam	[dar-es-salãm]
Delhi	Delhi	[deli]

Dubai	Dubai	[dubaj]
Dublín	Dublin	[dablin]
Dusseldorf	Dusseldorf	[dussɛldorf]

Estambul	Istanbul	[istanbul]
Estocolmo	Stockholm	[stokχolm]
Florencia	Florence	[florɛŋs]
Fráncfort del Meno	Frankfurt	[frankfurt]
Ginebra	Genève	[dʒɛnɛːv]

La Habana	Havana	[havana]
Hamburgo	Hamburg	[hamburχ]
Hanói	Hanoi	[hanoj]
La Haya	Den Haag	[den hãχ]
Helsinki	Helsinki	[hɛlsinki]
Hiroshima	Hiroshima	[hiroʃima]
Hong Kong	Hongkong	[hoŋkoŋ]

Jerusalén	Jerusalem	[jerusalem]
Kiev	Kiëf	[kiɛf]
Kuala Lumpur	Kuala Lumpur	[kuala lumpur]

Lisboa	Lissabon	[lissabon]
Londres	Londen	[londen]
Los Ángeles	Los Angeles	[los andʒəles]
Lyon	Lyon	[lioŋ]

Madrid	Madrid	[madrit]
Marsella	Marseille	[marsæj]
Ciudad de México	Meksiko Stad	[meksiko stat]
Miami	Miami	[majami]
Montreal	Montreal	[montreal]
Moscú	Moskou	[moskæʊ]
Múnich	München	[mønchen]

Nairobi	Nairobi	[najrobi]
Nápoles	Napels	[napɛls]
Niza	Nice	[nis]
Nueva York	New York	[nju jork]

Oslo	Oslo	[oslo]
Ottawa	Ottawa	[ottava]
París	Parys	[parajs]
Pekín	Beijing	[bæjdʒiŋ]
Praga	Praag	[prãχ]

Río de Janeiro	Rio de Janeiro	[rio də janæjro]
Roma	Rome	[romə]
San Petersburgo	Sint-Petersburg	[sint-petersburg]
Seúl	Seoel	[seul]
Shanghái	Shanghai	[ʃangaj]
Singapur	Singapore	[singaporə]
Sydney	Sydney	[sidni]

| Taipei | Taipei | [tæjpæj] |
| Tokio | Tokio | [tokio] |

Toronto	**Toronto**	[toronto]
Varsovia	**Warskou**	[varskæʊ]
Venecia	**Venesië**	[fenesiɛ]
Viena	**Wene**	[venə]
Washington	**Washington**	[vaʃington]

www.ingramcontent.com/pod-product-compliance
Lightning Source LLC
Chambersburg PA
CBHW070601050426
42450CB00011B/2938